manual

Friedrich Oswald

Mitarbeit und Layout
Margarethe Kainig

Begabtenförderung in der Schule

Entwicklung einer begabtenfreundlichen Schule

Facultas Verlags- und Buchhandels AG

Die Deutsche Bibliothek – CIP-Einheitsaufnahme
Ein Titeldatensatz für diese Publikation ist bei der Deutschen Bibliothek erhältlich

© 2002 Facultas Verlags- und Buchhandels AG, Wien
Alle Rechte, insbesondere das Recht der Vervielfältigung und der Verbreitung
sowie der Übersetzung, sind vorbehalten.
Umschlaggestaltung: Haller + Haller
Druck: Facultas AG
Printed in Austria
ISBN 3-85114-707-3

Inhaltsverzeichnis

Begabungen fördern bedeutet - - - - - 4

Vorwort 5

1 Begegnungen mit begabten Kindern und Jugendlichen: Motive zur Entwicklung einer begabungsfreundlichen Lernkultur 7

1.1 Individuelle Schullaufbahnen – Begabungsförderung im Interesse des Kindes 8

1.2 Dimensionen der Begabungsforschung - Orientierungen zur personalen Begabtenförderung 13

1.3 Exkurs: "eQ" und "EQ" - "Elektronische Intelligenz" und "Emotionale Intelligenz" 17

2 Begabung, Hochbegabung, Begabungsförderung und Begabtenförderung - und: die Kunst des "Begabens" 23

2.1 Begriffe bestimmen die Praxis! Ein intelligentes Theorieverständnis - kein "windschiefes" – soll praxisleitend sein! 23

2.2 Die Definition von Begabung als Prozess: Entdeckung der pädagogischen Kompetenz 28

2.3 Intentionen der Begabungsforschung – "Modelle" des Forschungsdenkens 30

2.3.1 Begabung im Konzept der Intelligenzforschung 31
2.3.2 Begabung nach dem Mehr-Faktoren-Modell 35
2.3.3 Potential-Performanz-Konzeptionen für Begabung 38
2.3.4 Begabung im sozio-kulturell orientierten Denkansatz ("Systemmodell") 45
2.3.5 Konzepte, die das Kriterium der Lernfähigkeit (knowledge acquisition) zum Gegenstand der Forschung erheben 48

3 Kreativität - die "schöpferische Fähigkeit" des Menschen ... 52

3.1 Assoziationen zu einem Begriffsverständnis von Kreativität ... 53

3.2 "Creating Minds" – Howard Gardners Studien zur Entfaltung von Kreativität ... 57

3.3 Charakteristik der "kreativen Persönlichkeit" – "auf beiden Seiten der Polarität" (Csikszentmihalyi) ... 62

3.4 Kreativitätsförderung im Anspruch von Problemlösungsfähigkeit ... 64

4 Die psychische und soziale Situation begabter Kinder und Jugendlicher ... 69

4.1 "Hilfe, mein Kind ist begabt!" – Der/die/das Außergewöhnliche wird nicht überall als Glücksfall erlebt ... 69

4.2 Profile hochbegabter Schülerinnen und Schüler ... 72

5 Begabtenförderung als Motiv zur inneren Schulreform: Entwicklung einer begabungsfreundlichen Lernkultur ... 75

5.1 Begabtenförderung im Widerspruch der Organisationsprinzipien des 19. Jahrhunderts im Schul- und Bildungssystem ... 76

5.2 Lehrerbildung – für eine begabungsfreundliche Lernkultur ... 79

5.2.1 Lehrerbildung ohne Begabtenförderung? – Begabtenförderung ohne Lehrerbildung? ... 80
5.2.2 Initiativen zu einer begabenden Lehrerbildung ... 82

5.3 Absonderung oder Integration? – Modelle der Lernorganisation ... 87

5.3.1 Besondere Schulen für Begabte/Hochbegabte ... 88
5.3.2 Zusätzlicher alternativer Unterricht außerhalb der Schule ... 88
5.3.3 Alternativer (zusätzlicher) Unterricht innerhalb der Schule ... 89
5.3.4 Differenzierung – Innere Differenzierung, Mehrstufenklassen ... 90

5.4 Identifikation von Begabungen durch Lehrerinnen
und Lehrer aufgrund der Beobachtung des Lernverhaltens
im Zusammenhang mit "Offenen Lernformen" 93

5.4.1 Kritische Impulse aus Untersuchungen – Hochbegabte
Underachiever werden in der Schule nicht (als solche) erkannt!? 94
5.4.2 Beobachtung des Lernverhaltens: Identifikation von Begabten
durch Lehrerinnen und Lehrer 96
5.4.3 Beispiele zum Offenen Lernen – Kriterien der Beobachtung
des Lernverhaltens 99

5.5 Das Überspringen von Schulstufen – die Überwindung des
starren Alters- und Jahrgangsklassenprinzips 104

5.5.1 Überspringen – Wahrnehmung des Menschenrechtes auf
individuelle Begabungsentwicklung 104
5.5.2 Die schlechte und die gute Nachricht –
in jeder Hinsicht "erstaunlich" 105
5.5.3 Das Überspringen von Schulstufen in der Praxis -
eine Untersuchung an österreichischen Schulen 110

5.6 Internationale Wettbewerbe und "Olympiaden" – die (unbekannte)
erfolgreiche Begabtenförderung 116

5.6.1 Untersuchung über die Teilnahme österreichischer Jugendlicher
an internationalen Wettbewerben und "Olympiaden" 116
5.6.2 Interpretationen zu den Untersuchungsergebnissen über die
Beteiligung an Wettbewerben und "Olympiaden" 119

5.7 Schulklimata – Förderung oder Hinderung von Begabungen
in unterschiedlichen Lernumwelten 124

Schlusswort – Zitate: Leopold Ungar, Jan Amos Comenius 127

Literaturangaben 128

Begabungen fördern

..... bedeutet

- Begabungen (vielfältige Talente) „wahr"nehmen und (selbst) entdecken lassen
- Kreativität anregen und herausfordern, das „Außergewöhnliche" interessant finden
- Selbstvertrauen, Selbstsicherheit, Zutrauen fördern (Erika Landau ermutigt dazu mit ihrem Buch „Mut zur Begabung!")
- „begaben" – „begabend sein": mit Menschen so umgehen, dass sie ihre eigenen Begabungen entdecken und verwirklichen können
- eine begabungsfreundliche Lernkultur gestalten: die Verschiedenheit der Interessen, Begabungen, Talente (nach J.F. Herbart die „Verschiedenheit der Köpfe") beachten
- begabte Kinder in Gemeinschaften integrieren, mit ihrem "Anders-Sein" locker umgehen

„Unser Zeitalter ist stolz auf Maschinen, die 'denken', aber mißtrauisch gegen Menschen, die es versuchen." (Jones)

„Das Denken, das uns die heutigen Probleme gebracht hat, wird nicht genügen, diese zu lösen." (Albert Schweizer)

„Die Evolution des Bewusstseins hat uns die Cheopspyramide, die Brandenburgischen Konzerte (J.S. Bachs), die Erklärung der Menschenrechte, die Relativitätstheorie gebracht – aber auch die Hexenverbrennungen, den Holocaust, den Archipel Gulag und die Bombe von Hiroshima ... " (nach Fritjof Capras Buch: Wendezeit. Bausteine für ein neues Weltbild. 1988)

Vorwort

Die Bewusstseinsbildung zur *Förderung von Begabungen* (zum Hervorbringen und Selbst-Entdecken von besonderen Fähigkeiten) und zur *Förderung von Begabten* (zur Ermutigung des Kindes für das Wagnis seiner Begabungsverwirklichung) eröffnet einen weiten Horizont pädagogischer Fragen.

Es ist ein gutes Zeichen, wenn dazu Fragen bestehen: "Was ist Begabung?" "Woran kann ich sie erkennen?" und "Was soll, was kann ich tun, wenn ich ein begabtes Kind habe?"

Zur Beantwortung solcher Fragen sind Forschungsergebnisse und Erfahrungen des Umgangs mit begabten Kindern und Jugendlichen heranzuziehen – und in der Vielfältigkeit ihrer Aussagen zu interpretieren.

In manchen Publikationen werden einzelne Merkmale begabter Kinder genannt, oder es werden Listen mit Kriterien ("Checklisten") für Begabung und Kreativität aufgezeigt. Man könnte dann – so wird bisweilen gemeint – eine Liste hernehmen und "abhaken", was auf das konkrete Kind "zutrifft".
Eine solche Vorgangsweise würde die Gefahr mit sich bringen, über ein Kind zu bestimmen anstatt sich mit ihm wirklich zu beschäftigen; damit würde eine Begabung nicht gefördert, sie würde vielleicht sogar verschüttet werden.

Mit dieser Broschüre werden einige Hinweise dafür gegeben, wie Begabungen aufgenommen und Begabte verstanden werden können.
"Fertige" und für alle Menschen und alle Zeiten "eindeutige Antworten" zu geben, würde allerdings dem Sinn des Umgangs mit Menschen widersprechen. Menschen sind verschieden!
Wer sich mit begabten Kindern befassen will, sollte sich selbst als lernende Person verstehen – in dem Wissen und in der Bereitschaft, auch von Kindern lernen zu können und sich auf neue und ungewohnte Denkweisen mit wachem (neugierigem) Interesse einstellen zu dürfen.
"Jedem Anfang wohnt ein Zauber inne ..." meint Hermann Hesse (im Gedicht "Stufen"); und das gilt wohl in besonderer Weise für die Entdeckung des Denkens und für jede Neu-Entdeckung im Denken.

Begabte Kinder sollen (wie alle anderen Kinder auch!) nicht sofort eingeteilt und einer bestimmten Hochleistungssparte zugeteilt werden; sie können mehrere Begabungen aufweisen, vielleicht auch solche, von denen "Ich" noch gar nichts weiß .....
Manche Kinder können ihre Begabungen vielleicht erst später verwirklichen; voreilige Unbegabtheitserklärungen würden mögliche Entwicklungen versperren!

Manche Menschen verfügen über ein erstaunliches Talent: Sie besitzen die Fähigkeit, andere zu "begaben":
Sie wirken "begabend", weil sie das Talent haben, Interessen und Begabungen bei Kindern und Jugendlichen zum Vorschein zu bringen, die diese bisher an sich selbst noch nicht entdeckt hatten, vielleicht auch deshalb, weil sie es nicht gewagt hatten, das, wofür sie sich interessierten, für bedeutsam zu halten und darüber mit Erwachsenen zu reden.

"Begaben" bedeutet, mit Menschen so umzugehen, dass sie ihre besten Fähigkeiten selbst entdecken und zum Vorschein bringen können.
("Dein Geist hat mich begabet" lautet die Textzeile eines Gedichtes von Paul Gerhardt bzw. eines Chorals aus der Matthäus-Passion J. S. Bachs.)

"Begabende Menschen" vermitteln anderen das Gefühl, selbst etwas wert zu sein, mit Problemen fertig werden zu können, sie vermitteln Selbstvertrauen und "Mut zur Begabung".

Solche "pädagogische Begabungen" - man findet sie in allen Berufen! – sollen hier vor allem angesprochen werden!
Sie entfalten sich – wie andere Begabungen auch – nicht von selbst. Sie bedürfen der Anerkennung und der Bestätigung ihres Wertes.
Dazu und zur Verwirklichung einer begabungsfreundlichen Lernkultur will diese Broschüre beitragen

Wien, im März 2002   Friedrich Oswald

1 Begegnungen mit begabten Kindern und Jugendlichen: Motive zur Entwicklung einer begabungsfreundlichen Lernkultur

Vier Beispiele – die Fallstudien sind nicht erfunden, sondern "aus dem Leben gegriffen" – sollen einleitend veranschaulichen, wie Situationen der Begegnung wegweisend und lebensentscheidend für die Entfaltung von Begabungen werden:

Andrea interessierte sich schon früh für alles was mit Zahlen zu tun hatte, sie konnte schon vor dem Eintritt in den Kindergarten die Rechnungszettel überprüfen. Die Eltern bemerkten das mit Freude, aber ohne viel Aufheben davon zu machen. Sie gaben immer Antwort auf die Fragen des Kindes und zeigten ihr Interesse.

Im Kindergarten begegnete Andrea, der Forderung nach gleicher Beschäftigung „ wie alle anderen ". Das war ihr zu langweilig, andererseits wollte sie aber Freundinnen und Freunde gewinnen und so sein wie die anderen Kinder. Die Kindergärtnerin verlangte, dass der „normale" Entwicklungsstand von Kindern dieses Alters auch für Andrea zu gelten habe: „Sie soll sich nicht einbilden, etwas Besonderes zu sein! Außerdem soll sie die schönen Spiele kennenlernen, die für ihr Alter so wichtig sind."

Thomas verwendete von frühester Kindheit an sprachliche Ausdrücke, die aufhorchen ließen. Er gebrauchte mühelos bildhafte Vergleiche, die er irgendwo aufgeschnappt hatte, und er wusste sie auch bei passenden Gelegenheiten zu verwenden. Bald begann er zu reimen und bat, seine „Gedichte" aufzuschreiben. Von seinen Eltern wurde das bestenfalls als Spielerei manchmal auch als Spinnerei - abgetan. Erst in der Schule fand Thomas eine interessierte Lehrerin, die ihn verstand und ermutigte.

Sabine erbrachte Leistungen im Turnunterricht, die weit über die anderer Kinder hinausgingen. Erst allmählich merkte Sabine, dass sie - im doppelten Sinn - höher und weiter springen wollte als die anderen. Als sie erfahren musste, dass ihre Mitschülerinnen auf ihr Können mit Neid und mit feindseligen Äußerungen reagierten, passte sie sich an. Sie täuschte geringere Leistungen vor, um ihre Freundinnen nicht zu verlieren.

Erst an der Universität durfte sie (bei den Übungen im Lehramtsstudium für den Unterrichtsgegenstand Leibeserziehung) wieder zeigen, was sie wirklich konnte. Heute ist sie eine begeisterte Sportlehrerin, die über die Freude und „das frühe Leid" von Begabten Bescheid weiß und Kindern in dieser Situation zu helfen versteht.

Michael wurde von seiner Mutter förmlich zur Musik gedrängt. Sie redete ihm und sich selbst ein, dass er zum Violinvirtuosen geboren sei. Michael interessierte sich aber ganz deutlich für alles, was mit Biologie zu tun hatte. Er durfte sich immerhin Aquarien kaufen und Fische züchten. Bald war er fähig, mit Sachkundigen über diese Materie zu diskutieren. Seine Mutter betrachtete diese Angelegenheit lange Zeit lediglich als Hobby. Es dauerte viele Jahre, bis Michael sein vermeintliches Hobby als Beruf ausüben durfte.

1.1 Individuelle Schullaufbahnen – Begabungsförderung im Interesse des Kindes

Zwei Beispiele aus dem schulischen Bereich – hier handelt es sich um das Überspringen von Schulstufen – sollen die positiven Möglichkeiten der Befassung mit begabten Kindern und Jugendlichen, wie sie in einem Schulklima mit personorientierten Interessen gegeben sind, aufzeigen:

Daniel

Daniel hat die zweite Schulstufe übersprungen; das Halbjahrszeugnis der dritten Schulstufe zeigt „lauter Einser"
Die Lehrerin sagt: „Er ist der Vermittler, alle haben ihn gern; ich wurde auf ihn aufmerksam, als er im ersten Halbjahr des Schulbesuchs wie selbstverständlich beispielsweise 367 + 429 rechnete ......"

Die Entdeckung Daniels – nicht bloß seiner Begabungen, sondern seiner Person mit ihren Talenten – ist der sensiblen Wahrnehmung der Lehrerin seines ersten Schuljahres zu verdanken. Sie hätte unter anderer Führung misslingen können, denn Daniel ist ein ruhiger Bub; er lernt gern, weil ihn die Dinge in der Welt interessieren, aber er tut sich mit seinen Kenntnissen nicht hervor; im Umgang mit seinen Mitschülern ist er „friedlich", er fällt nicht auf.
Das sind Verhaltensweisen, die von Leuten mit wenig Einfühlungsvermögen und geringer Menschenkenntnis allzu leichtfertig in der Weise gedeutet werden, dass da „nicht viel los sei" – vielleicht sogar, dass das „kein richtiger Bub" sei.
In diese Vorurteilsfalle war denn auch eine Kindergärtnerin getappt, indem sie über den damals knapp Vierjährigen befunden hatte, „sie müsse sich fragen, ob das Kind überhaupt etwas verstehe, denn es rühre sich nie .....". Zu Hause hatte der Knabe alle Gedichte, Lieder und Spiele, die er gelernt hatte, zum Besten gegeben; im Kindergarten war sein Interesse an all dem nicht wahrgenommen worden, weil man das ruhige Wesen des Kindes missdeutet hatte. Solche pädagogische Unvernunft zu zitieren, ist unter der Annahme gerechtfertigt, dass dies als Lehrstück dienen soll - in der Weise, wie aus Fehlern eben gelernt werden kann.

Die Wiener Volksschule, an der Daniel als – intellektuell und sozial - hochbegabtes Kind erkannt wurde, ist als das besondere positive Beispiel dafür zu nennen, wie in der Angelegenheit des Überspringens von Schulstufen vorzugehen wäre.
Die Interviews mit den Lehrerinnen, mit der Mutter des Kindes und mit Daniel selbst ergeben dazu einen anschaulichen Bericht:

Die Lehrerin der ersten Schulstufe berichtet, dass Daniel von Anfang an als eifriger Schüler erschien, dass er stets fröhlich und guter Dinge und mit Eifer bei der Sache gewesen, sonst aber nicht besonders aufgefallen sei.
Ihre Aufmerksamkeit für das Kind begann zunächst durch Daniels besondere Ambition und Ausdauer beim Schreiben: Zwei Sätze sollten als Hausübung geschrieben werden, er schrieb von sich aus sieben bis acht Seiten. Wie sich später herausstellte, wollte er offensichtlich mit jenen vier Kindern, die schon vor dem Eintritt in die Schule lesen konnten, gleich sein. Er wollte so gut lesen können wie sein Freund Florian und mit ihm gemeinsam „Geschichten schreiben".
Das zweite Moment der Beachtung entstand dann durch das Erkennen der mathematischen Begabung des Kindes: Daniel rechnete mühelos im Zahlenraum 1000 in Operationen wie eingangs angedeutet. Die Mutter berichtete, dass er schon als kleines Kind bei Autofahrten die Kennzeichen-Nummern anderer Fahrzeuge für selbst gewählte Rechenaufgaben verwendet habe (was mitunter durch sein Fragen und Bestätigtwerdenwollen für die Eltern sehr anstrengend gewesen sei).
Die Lehrerin befasste sich nun in dieser Sache und bot Daniel verschiedene Rechenaufgaben und -materialien an. Dann wurde im Einvernehmen mit der Mutter eine Testdurchführung mit einer Psychologin vereinbart.

Nach dem Testergebnis, das die vermutete Begabung bestätigte, ging man daran, ein Überspringen der zweiten Schulstufe vorzubereiten: In kollegialer Vereinbarung zwischen den Lehrerinnen konnte Daniel täglich die ersten beiden Unterrichtsstunden in der zweiten Klasse verbringen; die beiden Lehrerinnen führten dieses „Schnupperspringen" in gemeinsamer Beobachtung und in Kontaktnahme mit den Eltern durch.
Auch die Kinder der beiden Klassen wurden darüber informiert, dass „probiert" würde, ob Daniel in der nächsten dritten Klasse sein könne.
Die Frage des Überspringens wurde so völlig offengelassen; auch wenn alle Anzeichen dafür gesprochen hätten, das Kind selbst aber (z.B. aus Gründen von Freundschaftsbeziehungen) nicht in die höhere Schulstufe hätte aufsteigen wollen, wäre das Vorhaben aufgrund seines Wunsches nicht durchgeführt worden.
Der Befund in der Hälfte des Schuljahres nach dem Überspringen gibt den Maßnahmen Recht: Daniel weist nicht nur ausgezeichnete Leistungen vor, er ist auch in der Klasse anerkannt und beliebt, die soziale Reife in der Gemeinschaft mit den durchschnittlich um ein Jahr älteren Mitschülern ist gegeben.

Für Daniels Begabungsentfaltung ist seine Familien- und Freundschaftsbeziehung von grundlegender Bedeutung:
Die Mutter hat sich von Anfang an in fröhlicher Gelassenheit mit den Interessen ihres erstgeborenen Kindes – so wie mit denen ihrer Tochter und des jüngeren Sohnes – beschäftigt. Daniel hatte sehr früh zu sprechen begonnen und ein ausgeprägtes Verständnis für Zahlen und für Zahlensymbole entwickelt; es war ihm wichtig, „dass man alles zählt". Möglicherweise ist diese Begabungsrichtung vom Vater her beeinflusst; er ist Techniker in einem großen

Unternehmen und von seiner Profession her dem Denken in den Dimensionen von Zahlen zugeneigt.
Die Mutter ist AHS-Professorin, sie hat bezüglich der Schulwahl für ihr Kind mehrere Schulen am jeweiligen „Tag der Offenen Tür" besucht; für diese Schule hat sie sich spontan nach einer Unterrichtsvorführung der Lehrerin entschieden.
Daniel liebt seine Schwester sehr, er ist in besonderer Weise mit ihr verbunden; in der Geschwisterbeziehung zeigt sich ein Phänomen deutlicher als anderswo: ein gewisser Vorbehalt, wenn es darum geht, mit anderen zu teilen.
Eine engere Verbindung außerhalb der Familie besteht mit einem etwas älteren Buben in der Umgebung des Hauses. Es ist eine „Fußballfreundschaft". Die Mutter meint, dass Daniel eigentlich keine „ganz dicken Freundschaften" mit Gleichaltrigen habe; er versteht sich oft besser mit älteren Kindern.

Das Gespräch mit Daniel selbst verlief anfangs etwas gehemmt. Es war die Frage nach seinem Lese-Interesse, das einen Durchbruch zu herzlicher Offenheit auslöste: „Harry Potter" faszinierte ihn, er hatte alle vier Bände der phantastischen Erzählungen Joanne K. Rowlings gelesen.

Die Analyse der Situation lässt resümierend Folgendes feststellen:
Daniel konnte an einer Schule, in der das Bewusstsein besteht, dass die Entwicklung des Kindes (und nicht die etablierte Altersnorm-Einstufung) maßgebend für seinen Lernfortschritt ist, gefördert werden. Er konnte in einer entscheidenden Phase seiner Interessen- und Begabungsentwicklung pädagogische Führung erfahren - kollegial und in Kontakt mit den Eltern organisiert.
Das Kind ist sensibel, von ruhiger Wesensart, es scheint nicht sehr dazu befähigt, sich selbst hervorzuheben und seine Talente geltend zu machen.
Die hier erwiesene Ersterfahrung der Bestätigung seiner Person und seiner besonderen Fähigkeiten ist daher als eine von größter Bedeutung für sein Leben – für die Entfaltung seines Selbstbewusstseins - zu werten.

Verena

Verena hat die sechste Schulstufe – die zweite Klasse einer allgemeinbildenden höheren Schule – übersprungen; das Jahreszeugnis der dritten Klasse bestätigt ihr einen „ausgezeichneten Erfolg".
Für das Lehrerkollegium der Schule war diese Erfahrung der Anlass zu neuer Bewusstseinsbildung für die Begabtenförderung.
Eltern und Professoren glauben, dass auch Verenas sportliche Leistungen für ihre Integration in die neue Klassengemeinschaft wichtig waren.

Der Antrag zum Überspringen ging von den Eltern des Kindes aus; es war ihnen immer mehr zur Gewissheit geworden, dass Verena auf der Schulstufe, zu der sie die Altersnorm verpflichtet hatte, unterfordert war.
Die erste Anregung zum Überspringen war allerdings schon vorher durch die Mathematik-Professorin der Schülerin erfolgt.

Der Direktorin und dem Lehrerkollegium des niederösterreichischen Gymnasiums kann rückblickend ein absolut positives Zeugnis für die Handhabung dieser erstmals an der Schule durchgeführten Maßnahme bescheinigt werden – dies vielleicht gerade deshalb, weil die ersten Reaktionen auf dieses Ansinnen nicht gerade Hoffnung auf eine gemeinsame Vorgangsweise aufkommen lassen konnten.

Die unterschiedlichen Bewusstseinslagen zu diesem Ansinnen im Lehrerkollegium und die fehlende Information über Modalitäten der Durchführung kamen in den Aussagen zunächst sehr deutlich und pointiert zum Vorschein:
Die Direktorin der Schule, die sich in der Folge tatsächlich als „Leiterin" in bestem pädagogischen Sinn erwies, konfrontierte die Eltern beim ersten Gespräch, in dem diese ihr Anliegen vorstellten, mit der spontanen Äußerung: „Das haben wir noch nie gehabt!"
Dass sie aber gerade dann – nach diesem individuellen Überraschungsmoment – fähig war, sich von der sachlich begründeten Angelegenheit zu überzeugen und die Durchführung positiv zu organisieren, spricht für ihre hervorragende Qualifikation zur Leiterin dieses Bildungsunternehmens.
Die Professoren der Klasse besprachen die Frage des Überspringens in einer eigens dazu anberaumten Konferenz. Pro- und Kontra-Argumente wurden erörtert, die Diskussion endete schließlich mit einem Abstimmungsergebnis 7 : 3; eine überzeugende Befürwortung des Überspringens für Verena war damit zum Ausdruck gebracht.

Ein Bedenken, das in diesem Prozess der Überlegungen des Lehrerkollegiums zur Sprache kam, muss hier in besonderer Weise dargestellt werden:
Man brachte die Sorge zum Ausdruck, dass ein Gymnasium, in dem es möglich wäre, eine Schülerin eine Klasse überspringen zu lassen, in der Öffentlichkeit (und im Vergleich mit anderen Gymnasien) für eine „leichte Schule" gehalten werden könnte: dass diese („unsere") Schule als eine mit geringer Qualität bezeichnet werden könnte ......
Eine Aussage dieser Art ist bisher in wissenschaftlichen Studien zum Überspringen nicht vorgekommen, sie ist aber als ein wichtiger Impuls für bildungspolitische Überlegungen zu werten: Mit dem Überspringen in einem konkreten Fall an einer bestimmten Schule – mit der Gesetzesnovelle von 1998 zum Überspringen allgemein – ist die Frage nach vergleichbaren Leistungsstandards an Schulen gleicher Schulart gestellt.
Auf der Basis gleicher Standards könnte eher darüber zu entscheiden sein, ob ein Schüler (ob eine bestimmte Schule - mit Bezug auf die vorhin aufgezeigten Bedenken der Lehrer) herausragende Leistungen aufzuweisen hat oder nicht.
Das in der Lehrer-Diskussion so rasch wie leichtfertig hingeworfene Wort, man geriete als algemeinbildende höhere Schule wegen des Zulassens des Schulstufen-Überspringens in den Verdacht, „nur eine bessere Hauptschule zu sein", weist als subjektiv irrige Ansicht auf ein objektiv real vorhandenes ungelöstes bildungspolitisches Problem hin.
(Die real vorhandene „Gesamtschulentwicklung" in Österreich – in allen Ballungsräumen geht es zum Gymnasium, in den anderen Siedlungsgebieten bleibt die Hauptschule – lässt bloß noch regional differenzierte Schulartendefinitionen zu; bundesweit kann der Besuch einer Schulart nicht als Kriterium dafür gesehen werden, ob ein bestimmtes Kind begabt oder unbegabt ist.)

Für Verena war die Erstellung eines psychologischen Gutachtens über ihre besonderen Fähigkeiten von entscheidender Bedeutung:
Ihr wurde ein IQ mit einem Wert von 131 bescheinigt; beim Test waren besondere Leistungsstärken im logisch-mathematischen Denken und im sprachlichen Bereich aufweisbar,

überdies wurde ihr ein ausgeglichenes Leistungsprofil und eine sehr gute leistungsorientierte Arbeitsweise attestiert.
Mit diesem Ergebnis waren die Bedenken betreffs Nicht-Profilierung der Schule wegen des Klassen-Überspringens behoben.
Endgültig war die Bestätigung über Richtigkeit der Entscheidung mit dem Jahreszeugnis der dritten Klasse, das nahezu bei allen Gegenständen die Note ‚Sehr gut' aufwies, gegeben.
Interessant ist dabei die Tatsache, dass – wie sich dies anlässlich eines Elternabends herausstellte - die Mehrzahl der ProfessorInnen dieser Klasse gar nicht gewusst hatten, dass Verena eine Schulstufe übersprungen hatte.
Wie immer diese Sache bewertet werden möchte, es mag ein Glück für die Schülerin gewesen sein, wenn ihr aufgrund dieser Unkenntnis vorurteilsfrei begegnet werden konnte.

So gut wie jedes Mal ist bei einem Antrag zum Überspringen die Aussage zu hören, das Kind wäre wohl intellektuell seinen Altersgenossen weit voraus, was aber die soziale Reife – bei dem doch vorhandenen Altersunterschied (!?) - beträfe, so müsse man wohl Bedenken haben; und bezüglich der Frage, ob dann die Integration in die neue Klasse gelingen könne, müsse man Zweifel anmelden.
Die soziale Geeignetheit des Kindes für den Eintritt in die höhere Schulstufe ist nun selbstverständlich zu überlegen.
Viele Lehrer übersehen jedoch , dass – allein schon durch die Schuleintrittsbestimmungen bedingt - Altersunterschiede von neun bis zehn Monaten in einer „normalen" Klasse (in fast jeder Klasse) vorhanden sind.
Im Falle der Schülerin Verena wurde auf die soziale Reife geachtet. Am Ende des Schuljahres, in dem sie die dritte Klasse mit ausgezeichnetem Erfolg absolviert hatte, konnte von allen Beteiligten die erfolgreiche positive Integration in die Klassengemeinschaft festgestellt werden. Ihre sportliche Begabung wurde dazu als förderndes Moment betrachtet. Mitglieder der Klassen-Volleyballmannschaft hatten Verena höchste Achtung gezollt.
Darauf wies in einem Gespräch Verenas Vater mit sichtlicher Freude hin: Er hätte immer schon darauf geachtet, dass seine Tochter sich sowohl im geistigen als auch im körperlichen Bereich entfalten könne.
Das Argument soll durchaus in einem allgemeinen Sinn aufgenommen werden: Begabte Kinder, die auch Sport im Interesse körperlicher Betätigung betreiben, verfügen über eine bessere Startbasis betreffs ihrer persönlichen Anerkennung.

In der Schule konnte mit dem Beispiel des Überspringens von Verena eine insgesamt sehr positive Erfahrung gewonnen werden; im Lehrerkollegium ist die Ausgangsbasis für die Entwicklung zu einer begabungsfreundlichen Lernkultur mehr und besser als vorher gegeben.
Dass Begabtenförderung grundsätzlich die Forderung nach einer „corporate identity" an Schulen beinhaltet, wird damit bewusst. Lehrerbildung zur Begabungsförderung hat dann die Chance, m i t den Lehrern selbst geplant zu werden.

1.2 Dimensionen der Begabungsforschung - Orientierungen zur personalen Begabtenförderung

Der Versuch, die Bereiche von Forschung und förderlichem Handeln mit den folgenden vier Themenbezügen zur Begabung zu charakterisieren, ist im Zusammenhang des Studiums wissenschaftlicher Literatur mit der Analyse von Erziehungssituationen (aus biographischen Studien) und Unterrichtsbeobachtungen entstanden.

Das Anliegen, ein umfassendes Verständnis für die psychische und soziale Befindlichkeit von begabten Kindern und Jugendlichen zu fördern und innovative Schritte in der Entwicklung einer begabungsorientierten und „begabenden" Lehrkunst anzuregen, war dabei vorherrschend: LehrerInnenbildung für die Zukunft ist dafür das grundlegende Motiv.

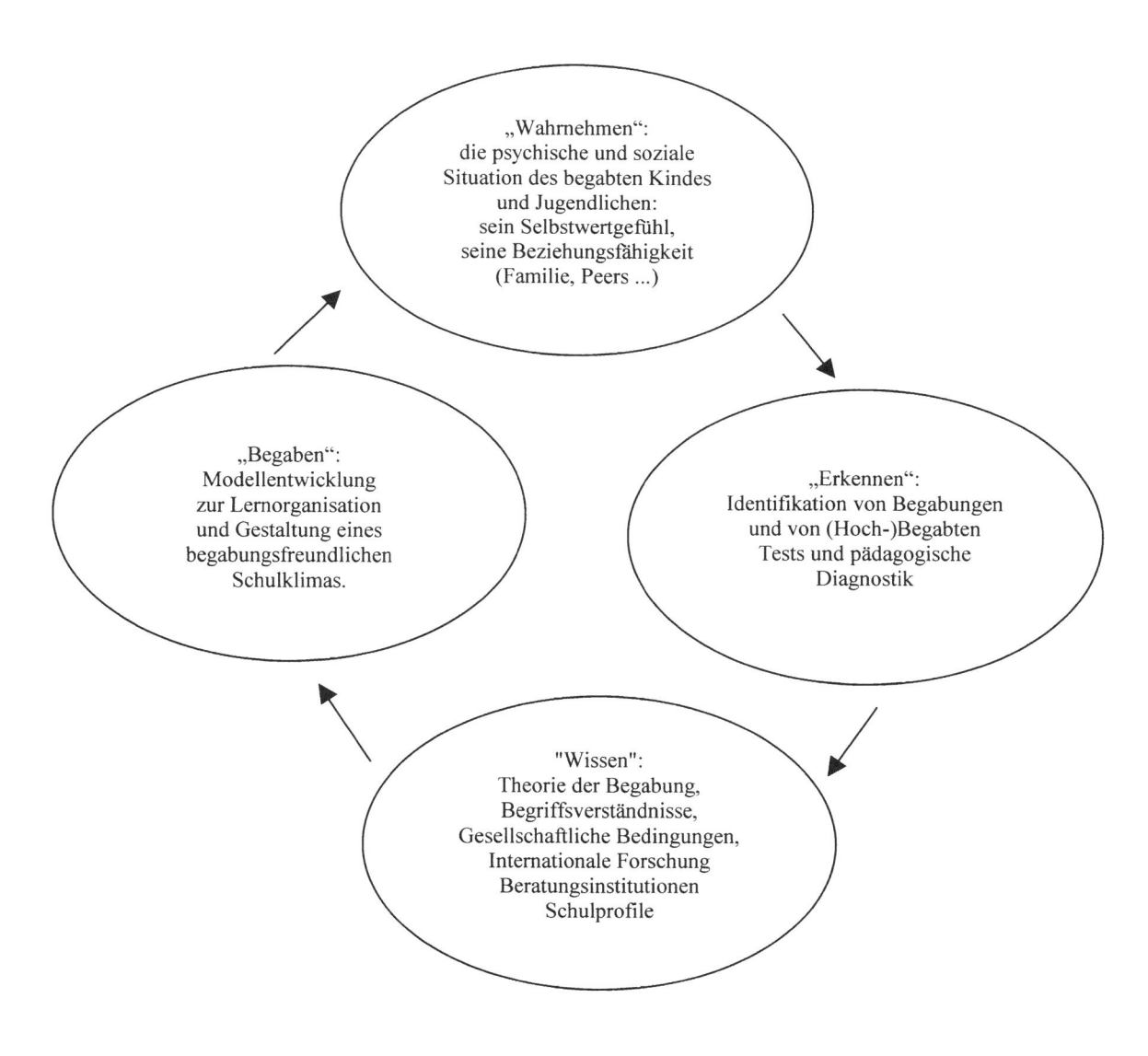

„Wahrnehmen":
die psychische und soziale Situation des begabten Kindes und Jugendlichen:
sein Selbstwertgefühl, seine Beziehungsfähigkeit
(Familie, Peers ...)

„Begaben":
Modellentwicklung zur Lernorganisation und Gestaltung eines begabungsfreundlichen Schulklimas.

„Erkennen":
Identifikation von Begabungen und von (Hoch-)Begabten
Tests und pädagogische Diagnostik

"Wissen":
Theorie der Begabung,
Begriffsverständnisse,
Gesellschaftliche Bedingungen,
Internationale Forschung
Beratungsinstitutionen
Schulprofile

Begabtenförderung ist erst seit dem letzten Jahrzehnt des 20. Jahrhunderts (wieder) ein Thema an den Schulen Österreichs.
Es ist zwar nicht mehr tabu, man darf öffentlich darüber reden, ohne irgendwelcher Ideologien verdächtigt zu werden; die Sicherheit der freien Diskussionskultur zum Gegenstand haben wir noch nicht gefunden.

Allein die Frage, ob man von **"Begabungsförderung"** oder von **"Begabtenförderung"** sprechen solle – oder das eine eben nicht sagen dürfe, weil doch das andere richtig sei – erhitzt in durchaus nicht unernster Weise die Gemüter und führt mitunter in aller Öffentlichkeit zu wechselseitigen Einsprüchen (gar nicht zu reden davon, welche Entzweiungen das Wort **"Hochbegabung"** oder gar **"Hochbegabtenförderung"** auszulösen im Stande ist .....)
Aufklärung ist also notwendig! Das anzugehen wird im zweiten Kapitel versucht: in der Auseinandersetzung mit Forschungskonzepten.
In diesen kommt – so viel sei vorausgeschickt – eine dezidierte Unterscheidung zwischen Begabung und Hochbegabung nur bei einzelnen Forschern vor, indem sie "Hochbegabung" mit einer bestimmten Punktmarke des Intelligenzquotienten - IQ größer als 130 – taxieren.
Da in allen anderen Konzepten sowohl mehrere Faktoren (z. B. auch: Kreativität, Konzentrationsfähigkeit, Ausdauer etc.) als auch psychische und soziale Kriterien zur Charakteristik von Begabung herangezogen werden, erweist sich der "Übergang" von Begabung zu Hochbegabung in wissenschaftlicher Diktion als "multidimensional", im Alltagsverständnis als "fließend" beschreibbar (und etwa so unkompliziert handzuhaben wie auch andere sprachliche Attributionen - "Leistung" und "Hochleistung" oder "Gebirge" und "Hochgebirge" oder "Stimmung" und "Hochstimmung" – nicht zu Grabenkämpfen führen müssen).

Eine Differenzierung zwischen Begabungsförderung und Begabtenförderung ist sinnvoll (obwohl auch da ein penetrantes "Auseinanderhaltenmüssen" eher engstirnig anmutet):
Mit dem Wort **"Begabungsförderung"** meinen wir eher die Förderung (d.i.: die Hervorbringung, auch die Entdeckung) der Fähigkeiten (Potentiale), mit **"Begabtenförderung"** beziehen wir uns eher auf die persönliche Förderung, die Ermutigung des Kindes und des Jugendlichen, die emotionale Stärkung seines Selbstwertgefühls, das zur Entfaltung seiner Begabungen notwendig ist. (Das Buch "Mut zur Begabung" von Erika Landau, Psychotherapeutin und Begabungsforscherin, gibt dazu Hinweise.)

Tiefgreifende Problemüberlegungen sind allerdings mit den Fragen von **"Überforderung"** und/oder **"Unterforderung"** (des Kindes) verbunden; und die damit im Zusammenhang zu nennenden Grundrichtungen von Maßnahmen der Förderung bzw. der Forderung in Lernunternehmungen, die in der Fachsprache mit **"Enrichment"** und **"Acceleration"** bezeichnet werden, sind in die Erörterung miteinzubeziehen.

"Enrichment" bedeutet "Anreicherung" und betrifft ein "Mehrangebot" des Lernens im Hinblick auf höhere Anforderung und/oder als Angebot für zusätzliche kreative Interessen; das Bereitstellen alternativer Angebote innerhalb oder außerhalb der Schule kann unter dem Titel des "Enrichments einhergehen.

Falsch verstanden wäre Begabtenförderung als Enrichment dann, wenn damit "noch mehr Schule", eine Ausweitung schulischen Unterrichts zu Lasten der besonderen Interessen von Schülern geschähe. (Wenn die Aussage von Jugendlichen an einer Schule mit Begabungsprogramm etwa lautet "Früher habe ich an Nachmittagen gerne Querflöte gespielt, dazu komme ich jetzt nicht mehr, weil wir in dieser Schule so viele anderen Dinge machen" oder "Früher habe ich mehr Zeit zum Lesen gehabt, das geht jetzt nicht mehr ...", dann würde an den Begabungsinteressen 'vorbei angereichert'.

"Acceleration"/"Akzeleration" bedeutet als Wort wohl "Beschleunigung"; eine pädagogische Maßnahme oder eine persönliche Entscheidung zu einer Akzeleration sollte jedoch in jeder Form als die Wahrnehmung des individuellen Rechtes verstanden werden., der altersnormierten Entwicklungsstufe voraus sein zu dürfen.

Die Ermöglichung des rascheren Vorgehens im Unterricht in besonderen Schulen oder Klassen und das Überspringen von Schulstufen (die eigentlich als "Lernstufen" gelten sollten) durch einzelne Schüler stellen Formen der Akzeleration der Bildungslaufbahn im Schulsystem dar.

Damit sind aber in einem konkreten Fall keine anderen als jene (selbstverständlichen) Maßnahmen getroffen worden, die dem Kind das Recht zugestehen, so lernen zu dürfen bzw. unterrichtet zu werden, wie es seinem Entwicklungsstand entspricht.

Erstaunlicherweise nimmt die Grundsatzerklärung für "die Aufgabe der österreichischen Schule" im § 2 des Schulorganisationsgesetzes genau darauf Bezug: Es ist darin die Rede von einem "der Entwicklungsstufe entsprechenden Unterricht"; das Gesetz deklariert nicht einen "der Altersstufe entsprechenden Unterricht"!

"Akzeleration" bedeutet in jedem Fall, das individuelle Entwicklungsalter eines Kindes/eines Jugendlichen wahrzunehmen, nicht die Weisheitsgrade nach dem Kalenderalter zu normieren!

Der geistigen Entwicklung sollen keine Fesseln angelegt werden!

(Würde man einem Kleinkind, das etwas früher als andere zu gehen beginnt, "nahelegen", beim Krabbeln zu bleiben, weil das für sein Alter richtig und "angemessen" wäre und weil es doch "alle anderen" in dem Alter auch täten? Würde man etwa einem sportlichen Knaben oder Mädchen empfehlen, nicht schneller zu laufen als die anderen?)

Natürlich sind Entscheidung zu Maßnahmen der Akzeleration (z. B. das Überspringen von Schulstufen) nicht leichtfertig zu treffen; sie sind für alle Beteiligten – in erster Linie für den Schüler/die Schülerin selbst, auch für Eltern und Lehrer – nur dann gerechtfertigt, wenn das Kind es selbst will und wenn alle Schritte gut überlegt worden sind.

Überforderung ist als Problem bekannt, allerdings nicht immer in der erwünschten Klarsicht im Hinblick auf ihre Verursachung; tatsächlich erlebte Überforderung beeinträchtigt auf lange Zeit das Selbstbewusstsein und das Selbstwertgefühl.
Überforderung ist, wenn sie von Eltern oder Lehrern verursacht würde, pädagogisch als Fahrlässigkeit zu beurteilen.
Dem Ansinnen von Begabtenförderung generell zu unterstellen, dass Kinder überfordert würden, ist einfach falsch; eine solche Einstellung ist nur aus irgendwelchen Zugängen zu "gesellschaftlich hergestellter Dummheit" (nach Mitscherlich) erklärbar.

Unterforderung –sich dem allgemeinen Lernvorgang anpassen zu müssen, obwohl man schon weiter sein könnte, und zwanghaft nicht das erstreben dürfen, was man möchte, - kann kein erwünschter psychischer Zustand sein.
Unterforderung ist mindestens so riskant wie Überforderung! Das "Abschalten", die Fadesse, das Gefühl des Nicht-Angenommenseins sind Folgen davon; der Verlust von Lebensfreude und Lernfreude kann eintreten.
Solcherart ist die Verursachung des Underachievments in manchen – nicht in allen Fällen – darauf zurückzuführen: **Underachiever** ("Minderleister") sind Schüler, die in den schulischen Leistungen unter ihren – aufgrund von Testergebnissen zu erwartenden – Fähigkeiten rangieren.
Sich mit einem solchen Schicksal lange Zeit abfinden zu müssen und damit leben zu müssen, stellt in einem anderen Sinn eine schwerwiegende Überforderung dar!

Die eigentliche **pädagogische Befassung mit dem Thema "Begabung"** – Begabung nicht nur als Phänomen, das bei manchen Menschen in besonderer Weise in Erscheinung tritt, sondern als einen Prozess zu verstehen, der wesentlich im Zusammenhang mit personalen Beziehungen zu erklären ist – hat (auch international gesehen) noch kaum begonnen.

Eine Neuorientierung der Lehrerbildung ist aus Anlass von Fragen der Differenzierung in lernorganisatorischer und didaktischer Hinsicht notwendig; und die Entwicklung eines Bewusstseins von Kollegialität im Sinn der "gemeinsamen Bildungswirkung" - eine Formulierung aus dem § 17 des Schulunterrichtsgesetzes (und kein alter Ladenhüter!) - erhält neue Aktualität angesichts von Entscheidungen, bei denen fachliche und persönliche Kompetenz gefordert ist; und das gilt nicht nur für das Überspringen von Schulstufen.

Hier soll Begabungsforschung in pädagogischer Intention angeregt und "auf den Weg gebracht" werden.

Die Bezugnahme auf Heinrich Roth, der bereits in den Anfängen der Bildungsdiskussionen, Mitte des 20. Jahrhunderts, einen **pädagogischen Begabungsbegriff** gefordert hatte, und die eingehendere Befassung mit dem

"Lerntestverfahren" nach Guthke, das die Beobachtung der **"Aneignungsfähigkeit" (knowledge acquisition)** zum Gegenstand wissenschaftlicher Forschung erhebt, ist daher in theoretischer Überlegung gegeben..

In praxisorientierter Ambition wird auf die Darstellung von schulischen **Modellen der Begabtenförderung und von Konzepten der Unterrichtsführung** – z. B. der Offenen Lernformen, mit deren Anwendung nach gründlichem Studium eine fortschreitende Befähigung von Lehrern und Lehrerinnen zur Identifikation von Begabungen im Unterricht gelingen kann – in größerem Umfang Bedacht genommen.

Begabtenförderung ist eine Unternehmung im Interesse des Kindes; sie ist dort möglich, wo
ein (realistischer) pädagogischer Optimismus besteht! ("Optimismus ist Pflicht!" meinte Sir Karl Popper – im Sinn von "Verpflichtung des Menschseins"!).

Es ist die Überzeugung des Autors, dass der Fortschritt der Bildung und der Förderung von Kindern und Jugendlichen zuversichtlich dann gelingen kann, wenn Personen, die wissenschaftlich forschen mit jenen, die lehrend lernen, zusammenarbeiten.

1.3 Exkurs: "eQ" und "EQ" - "Elektronische Intelligenz" u n d "Emotionale Intelligenz"

Begabung und Verdummung sind unter dem Einfluss von Gesellschaft möglich, je nach dem, was als wichtige Qualifikation erachtet und dementsprechend gefördert und gefordert wird oder nach dem, was als gänzlich unbedeutend gesehen wird und daher infolge von Geringschätzung und Nichtbeachtung verkümmern lassen wird.

Von "gesellschaftlich hergestellter Dummheit" hat meines Wissens **Alexander Mitscherlich** als erster gesprochen (bezeichnenderweise in seiner Dankansprache anlässlich der Verleihung des Friedenspreises des Deutschen Buchhandels 1969).

Er meint, dass **gesellschaftlich hergestellte Dummheit** "darin begründet (ist), dass wir in einem Zeitalter unabsehbaren technischen Fortschritts - wozu auch das Ausmaß raffinierter psychischer Beeinflussung gehört - die Fundamente eines statischen Bildungstypus, des Drilltypus beibehalten haben. Menschen, die diesen Bildungstypus durchlaufen haben, entwickeln sich in der Regel zu unpolitischen Bürgern. Ungeübt im kritischen Abwägen der vorgefundenen sozialen Formen, sind sie kaum zu alternativem Denken in der Lage." (Mitscherlich 1981, S. 20)

Im Folgenden geht es daher in keiner Weise um eine Ablehnung der "elektronischen Intelligenz" – elektronische Kommunikation ist intelligent nutzbar!
Es geht exakt um das, was Mitscherlich aussagt: Das Beibehalten eines statischen Bildungstypus (an Schulen und Universitäten, im Lehr- und Prüfungsbetrieb) ist angesichts der Anforderungen des "unabsehbaren technischen Fortschritts" irrelevant geworden.
(Was aus dem Internet "herausholbar" ist, tut – so oder so - seine Wirkung: informativ bewusstseinsbildend im Verfügen über das Wissen – verwirrend ungeordnet, hilflose Beliebigkeit stiftend.)

In seinem Buch "Erfolg mit eQ" (eQ steht dabei für das Maß der "elektronischen Intelligenz") propagiert **Dietmar Wendt** (Wendt 2000) die "Erfolgsformel für das neue Jahrtausend: eQ = IQ + EQ + X":

"IQ" betrifft dabei die Erfassung von Denkfähigkeit, Logik, Abstraktion, auch von Rhetorik; "EQ" wird als "emotionale Intelligenz" (vgl. Daniel Golemans Buch mit eben diesem Titel) bedeutsam für Einfühlung, Intuition, Phantasie, Vorstellungsvermögen, Motive des Wissenswollens; "X" ist die Größe für drei elektronische Schlüsselqualifikationen: für den Umgang mit digitaler Technik, für Loslösung von Raum und Zeit und für das Networking.
Die Internalisierung der genannten Kompetenzen ist nach Meinung des Autors anzustreben, und der Untertitel der Publikation verheißt Anleitung und Erfolg zugleich: "Wie Sie in der neuen Welt des e-Business Karriere machen."

Nach solchen Aufforderungen erscheint es notwendig, sich mit dem Begriff und Verständnis dessen, was "emotionale Intelligenz" sein könnte, näher zu befassen.

Der Begriff "Emotionale Intelligenz" ist für viele in unserer Gesellschaft neu und ungewohnt; manche Hochgebildete und auch Wissenschafter erachten diese Wortzusammenstellung als Widerspruch in sich.
Die das tun und in althergebrachter Weise die Trennung von Intelligenz und Emotion meinen hochhalten - oder gar "reinhalten" - zu müssen, verkennen den Menschen und versäumen den Fortschritt der hirnphysiologischen Forschung.

Daniel Goleman konnte mit seinem Buch mit eben diesem Titel **"Emotionale Intelligenz"** (Goleman 1996), obwohl (oder weil) es wochenlang die Bestsellerliste im Sachbuchbereich anführte, ausgiebige Häme erfahren, letzteres freilich überwiegend von denen, die nicht mehr gelesen hatten als den Titel.

Emotionale Intelligenz ist im Nahbereich dessen anzusiedeln, was seit den 70er Jahren im Begriffsinventar der modernen Didaktik mit der "Affektiven Dimension von Bildungszielen" thematisiert wurde.

Der EQ betont daher die besondere Fähigkeit der Beziehung zu anderen Menschen und zu sich selbst, was mit der hohen Gabe der Reflexion und Selbstreflexion zu tun hat, die Fähigkeit des Dialogs mit Anderem und der offenen Begegnung mit Neuem, die Intelligenz des Wissens um Werte und der innengeleiteten Überzeugung in Verbindung zu Offenheit und Toleranz, ohne das für unüberwindliche Gegensätze zu halten.

Die explizite Wirkung der emotionalen Intelligenz zeigt sich in der Begabung zum Fragen, d.h. zum Entdecken der Anlässe, die etwas Gegebenes nicht so hinnehmen lassen, wie es sich zeigt oder wie es jemand - oder wie es "die Gesellschaft" – vorgibt.

Emotionale Intelligenz – als das Talent zum Befragen des "Selbstverständlichen" - ist eine Grundvoraussetzung für Kreativität, für die "schöpferische Fähigkeit" (!!) des Menschen. Es steht im Zusammenhang mit Wagnis und Intuition; Wissenschaft kommt ohne sie nicht voran.
Dass das oft lange Zeit vergessen wird, ist seltsam! Denn alle Erfindungen - sowohl die der Geisteswissenschaften als auch die der Naturwissenschaften - wären ohne den Sprung über das bisher nicht Gedachte und nie Dagewesene nicht geschehen, daher auch ohne die schöpferische Fähigkeit nicht denkbar.

Ein "EQ" existiert bloß als Symbol; er ist nicht messbar und nicht in Zahlenwerten zu taxieren wie der IQ - und allein schon deswegen suspekt bei all jenen, die Wissenschaft nur dort sehen, wo es Zahlen und Statistiken ("das Marihuana des medienöffentlichen Wissenschaftsdiskurses") auszuweisen gibt.

Die Qualität der emotionalen Intelligenz besteht in der Fähigkeit, eine Information nicht einfach so hinzunehmen, wie sie gegeben wird, sondern den Punkt einer Wahrheit zu entdecken, die bisher gefehlt hat.

Das folgende Beispiel soll diese Qualität des Geistes aus einem Anlass, der sonst negative Folgen zeitigen müsste, vor Augen stellen.

Zu Beginn des Jahres 1999 wurde in Wien ein Experiment, dessen erste und aufsehen erregende Manifestation bereits 37 Jahre vorher - bekannt unter der Bezeichnung **"Milgram-Experiment"** - erfolgt war, wieder durchgeführt.

Zur Darstellung und Interpretation des "klassischen" Milgram-Experiments hat **Günther Bittner** (Bittner 1984, S. 101 ff) in einem Artikel über 'Gehorsam und Ungehorsam' jene Akzente gesetzt, die hier als richtungweisend aufgenommen werden sollen.
(Der Text seines Aufsatzes ist in der Kürze und Prägnanz der kritischen Stellungnahme unverzichtbar, er wird daher hier in den wesentlichen Passagen im Original-Wortlaut wiedergegeben; da jedoch zusätzlich Änderungen und Ergänzungen an mehreren Stellen eingefügt wurden und es den Lesefluss hemmen würde, wenn immer wieder

Anführungszeichen und Auslassungen angezeigt würden, sind Bittners Ausführungen in der Art eines sinngemäß aufgenommenen Gedankenganges angeführt und mit der Zitation am Ende gekennzeichnet):

Der Psychologe Stanley Milgram von der Yale-Universität unternahm in den Jahren 1960 - 1964 ein denkwürdiges Experiment, mit dem er Einblick in die Bedingungen des Gehorsams in moralischen Konfliktsituationen gewinnen wollte.
Zur experimentellen Überprüfung diente die folgende Versuchsanordnung:
Eine Person wird gebeten, bei einer wissenschaftlichen Untersuchung mitzuhelfen. Sie soll jemand anderen eine Liste von Assoziationswörterpaaren lehren und jedes Mal Strafe anwenden, wenn diese "lernende" Person einen Fehler macht. Die Strafe besteht in einem elektrischen Schock, den die lehrende und prüfende und beurteilende Versuchsperson mittels eines Schockgenerators an die lernende Person verabreichen soll.
Die Stärke des elektrischen Schlages steigert sich von einem Fehler zum andern; laut Aufschrift auf dem Schaltbrett können Schocks bis zu 450 Volt - die Stärke ist tödlich - gegeben werden.
Im Experiment ist die technische Apparatur nur eine Attrappe, wovon die Versuchsperson, die Elektro-Schläge austeilen soll, allerdings nichts weiß.

Die ganze Situation ist mit großer Sorgfalt konstruiert. Die zu prüfende - und in der Anordnung des Experimentes unausweichlich zu bestrafende Person - hat Schmerzempfindung, Schock und Verzweiflung vorzutäuschen; sie macht absichtlich Fehler, stößt gespielte Schmerzensschreie aus, fleht danach, aufzuhören.
Viele Versuchspersonen, die Schläge austeilen mussten, kamen in große Gewissensnot: Sie wandten sich an den das Experiment leitenden Psychologen mit der Frage, ob sie nicht aufhören dürften. Mit Bestimmtheit aber ohne Drohung wurden sie aufgefordert, fortzufahren. 65% der Versuchspersonen waren, wenn sich die lernende Person nicht im gleichen Zimmer befand, dazu zu bewegen, den Maximalschock von 450 Volt - trotz der Aufschrift auf dem Schaltbrett "Gefahr: Schwerer Schock" - zu geben.
Milgram zog aus seinen Ergebnissen recht pessimistische Folgerungen: "Mit ermüdender Regelmäßigkeit sah man nette Menschen sich den Forderungen der Autorität unterwerfen und Handlungen ausführen die gefühllos und hart waren. Menschen, die im Alltagsleben verantwortungsbewusst und anständig sind, wurden durch den Anschein der Autorität und durch kritiklose Übernahme der vom Experimentator gesetzten Bestimmungen der Situation zu grausamen Taten verführt. Die Ergebnisse beunruhigen! Sie lassen die Möglichkeit aufscheinen, dass viele Menschen gegenüber einer böswilligen Autorität brutale und unmenschliche Handlungen nicht verweigern würden."
Der Versuch war als Lernexperiment getarnt. Die Lernforschung kann als Prototyp einer Forschungseinrichtung mit imponierender methodenkritischer Exaktheit, doch gerade ohne zureichendes gesellschaftliches Bewusstsein gelten.
Auf Grund dieser Bewusstseinslücke hat sie sich zu einem der gefährlichsten Vehikel einer gleichsam technischen Erzeugung von Gehorsam entwickelt.

Der Lernpsychologe weiß genau, wie man Ratten, Kinder oder neurotische Patienten durch Belohnung oder Bestrafung - ganz pragmatisch selbstverständlich, ohne allzuviele über das Wie und Warum zu spekulieren - dazu bringen kann, das Verlangte zu tun und das heißt: zu gehorchen.
Die umgekehrte Frage, wie man Menschen dazu bringen könnte, trotz Belohnung oder Bestrafung das Verlangte n i c h t zu tun und seinem eigenen Empfinden zu vertrauen, findet kennzeichnenderweise sehr viel geringeres Interesse. (Bittner 1984; Flitner & Scheuerl 1984, S. 101 - 103)

Das so bezeichnete **"Wiener Experiment"** von 1999 **"Milgram Experiment '99"** wurde unter dem Titel "Mörderischer Gehorsam" medial vermarktet (Köpf, Th. & Wictora, St. 1999).
Sowohl im Printmedium (Zeitschrift "Wiener") als auch in der Fernsehsendung ("Vera"), die der Betroffenheit über die hohe Bereitschaft zum mörderischen Gehorsam Ausdruck geben zu wollen vorgab, widmete man sich ausführlich den Versuchspersonen, die Verhaltensweisen gezeigt hatten, von denen man dann hinterher kommentieren konnte, dieses Verhalten sei zwar "nicht erstaunlich, aber erschütternd" (Gathmann, in: Köpf & Wictora 1999)

Der "Mann mit der Baseballkappe" bekam denn auch seinen Auftritt im Fernsehen; die stereotype Antwort - "Weil`s so gesagt worden ist" - auf die Frage, warum er denn bis zum fast tödlichen Elektro-Schlag vorgegangen sei und die Anweisung befolgt habe, wurde mit erstaunlichem Nicht-Erschüttertsein präsentiert.
Jene Personen, die sich geweigert hatten, am Experiment teilzunehmen und Elektro-Schocks zu verabreichen, kamen weder im Printmedium noch in der Fernsehsendung zu Kommentaren bzw. Interviews.

Die so auffallend einseitige "Verkaufslust" muss Anlass zum Fragen sein:
Warum werden die "mörderisch gehorsamen Personen" ("325 Volt und gib ihm!", "Sagen S', Herr Doktor, ist der Typ jetzt g`storben?") in den Vordergrund gestellt?
Warum werden die Personen, die den Mut hatten, den "mörderischen Gehorsam" zu verweigern, überhaupt nicht genannt?
Wäre das nicht so interessant - nicht so "erschütternd" - gewesen?
Hätte das Anlass zu einem Nachdenken gegeben, das ungemütlich geworden wäre, weil es möglicherweise Fragen an das eigene Selbstbewusstsein hätte aufkommen lassen?

Zu der hier sicher aufkommenden Frage, was denn das mit Begabtenförderung überhaupt zu tun habe, sind die Qualitäten der Verweigerung (von mörderischem Gehorsam) zu nennen:
- Vertrauen zu sich selbst, zur eigenen Empfindung, Mut gegenüber einer Autorität, Durchsetzungsvermögen, Selbstbewusstsein, positiv ausgeprägtes Selbstwertgefühl

- Sensibilität für die Gefühle anderer, vielleicht sogar soziale Intelligenz (gilt als Standardbegriff in der internationalen Begabungsforschung), emotionale Begabung
- Befähigung zum "divergenten Denken und Handeln" - eines der Kriterien zur Kennzeichnung von Kreativität.

Abschließend soll Folgendes angemerkt werden:
Im Kontrast zu der einseitigen Auswertung des Experimentes ist die Notwendigkeit der Propagierung der tatsächlich "menschlichen" Fähigkeit zu folgern.
Im Bewusstmachen der Qualitäten von Personen, die die Kraft zur Verweigerung aufgebracht haben, sind erzieherische und unterrichtliche Aspekte zu erkennen, die Ermutigung anstelle von Entmutigung, Offenheit anstelle von Verschüchterung, Befähigung zu emotionaler Teilnahme anstelle von distanzierter Beliebigkeit befürworten lassen.

Die Bildung derer, die in ihrer Kindheit und Jugend als hochbegabt erkannt werden, ist heute in anderer – ethischer - Bedeutsamkeit zu formulieren als es vielleicht früher der Fall war.

Es geht nicht um ein "Ausschöpfen der Begabungsreserven" im Dienst der Gesellschaft, sondern um die Frage, wie Begabte ihre Intelligenzen anwenden werden, wenn sie in Führungspositionen aufgestiegen sind, wenn sie Positionen der Entscheidungsverfügung über die Tätigkeit von anderen Menschen eingenommen haben, wenn sie Macht und Einfluss über gesellschaftliche Institutionen erlangt haben.

Daher ist es von besonderer Wichtigkeit für die Bildung Hochbegabter – künftiger Manager, Künstler, Wissenschafter, für Personen in der Leitung von Religionsgemeinschaften, für Wirtschaftsexperten und nicht zuletzt für Lehrerinnen und Lehrer – , dass sie grundlegende Erfahrungen über Beziehungen in ihrer Jugend erwerben konnten: Gemeinschaft, Freundschaft, Teamgeist, Sympathie, Konfliktlösungsfähigkeit, Interesse für "das Andere", Denken mit anderen und für andere.
Ihre persönlichen Erfahrungen in Kindheit und Jugend - Angenommensein oder Ausgrenzung, Selbstverwirklichung oder Selbstverleugnung, Integration oder Isolation - werden für ihren Führungsstil maßgebend sein.

Das Nachdenken *über* an Stelle des Hinnehmen *von* Berichten aus medial vermittelter Sicht aus aller Welt ist dringend notwendig zu üben!

2 Begabung, Hochbegabung, Begabungsförderung und Begabtenförderung - und: die Kunst des "Begabens"

„*Bei allem, was wir tun, denken und fühlen, möchten wir manchmal bis zum Äußersten gehen. Der Wunsch wird wach, die Grenzen zu überschreiten, die uns gesetzt. Innerhalb der Grenzen aber haben wir den Bück gerichtet auf das Vollkommene, das Unmögliche, Unerreichbare, sei es der Liebe, der Freiheit oder jeder reinen Größe.*
Im Widerspiel des Unmöglichen mit dem Möglichen erweitern wir unsere Möglichkeiten. Dass wir es erzeugen, dieses Spannungsverhältnis, an dem wir wachsen, darauf. meine ich, kommt es an; dass wir uns orientieren an einem Ziel, das freilich, wenn wir uns nähern, sich noch einmal entfernt." (Ingeborg Bachmann: Die Wahrheit ist dem Menschen zumutbar. Rede zur Verleitung des Hörspielpreises der Kriegsblinden, 1959)

"*Wenn wir besonders begabten und talentierten Schülern helfen wollen, müssen wir sie erst einmal in unseren Klassen entdecken. Wenn es angemessen erscheint, kann man in Zusammenarbeit mit einem Testspezialisten die Intelligenz, Kreativität und Leistungsfähigkeit eines Schülers mit dafür bestimmten standardisierten Tests messen. Aber solche Tests sind nur e i n Identifikationskriterium. Andere Dinge zählen genauso: Beobachtungen der Eltern, anderer Lehrer und Mitschüler; Informationen aus Interessentests; und ganz besonders die einmaligen Ergebnisse, die dem Wunsch des Schülers entspringen, zu forschen, zu schaffen oder schöpferisch tätig zu sein. Diese Schüler finden wir bei beiden Geschlechtern, in allen ethnischen und sozio-ökonomischen Gruppen und auch bei Behinderten, etwa den Blinden, Tauben oder Verhaltensgestörten.*" (Gage & Berliner, 1986, S. 250)

2.1 Begriffe bestimmen die Praxis!
Ein intelligentes Theorieverständnis – kein "windschiefes"! – soll praxisleitend sein!

Um es gleich vorwegzunehmen: Nicht so sehr die Tatsache, dass zum Begriff 'Begabung' "eine unüberschaubare Menge von Definitionsvorschlägen vorzufinden" ist, dass sich zum Terminus Hochbegabung "über hundert unterschiedliche Bestimmungen finden, von denen keine als umfassend und allgemein anerkannt gelten kann" (zit. nach Manstetten/Albrecht, 1991, S. 9), sollte Anlass zu Klagen sein (wobei Klagen, die tatsächlich als solche ausgestoßen werden, von Kritik, die notwendig und erwünscht ist, unterschieden werden müssen!).

Bestürzend ist vielmehr die Tatsache, dass im Anschluss an diese Anklagen gegen die Vielfalt von "Modellen" oder Konstrukten, die eben auch die Definition und den Begriff im jeweiligen Verständnis festlegen (und nach denen gar nicht gefragt wird), der schlichte Ruf nach "Einigung", nach Gleichheit der Aussagen und nach Eindeutigkeit sozusagen gebrauchsfertiger Angaben erhoben wird.

Statt die jeweilige Definition zu befragen - auf ihr Problemverständnis und auf ihre Absicht - wird pauschal von "Verschwommenheit", "Verwirrung" und "Unklarheit" gesprochen. Wir sollten fragen lernen, woher - d.h. aus welchem Vor- oder Grundverständnis - eine bestimmte Festlegung ("Definition") kommt!

Wer sich mit dem Thema "Begabung" beschäftigt, hat meist schon eine bestimmte Vorstellung davon bzw. eine Meinung darüber, was das "eigentlich" sei.
Aber schon in "Alltagsgesprächen" kann die Erfahrung gewonnen werden, dass sehr unterschiedliche Einstellungen zu diesem Thema bestehen.
Jemand, der bereit ist, zuzuhören und "nach"zudenken – und auch seine zunächst so logisch und sicher scheinenden Vorstellungen zu "überdenken" - ,wird die zu der Erkenntnis kommen, dass die Angelegenheiten, um die es dabei geht, nicht in ein "einfaches Strickmuster" gefasst werden können.
Grundlegende Auffassungsunterschiede tauchen auf: Die einen meinen, dass die Anlage des Menschen allein bestimmend sei für das, was sich als "Begabung" äußert, andere treten vehement dafür ein, dass Begabungen dann oder nur dann zum Vorschein kommen können, wenn entsprechende Umweltbedingungen gegeben sind, wieder andere meinen, dass "jedes Kind begabt ist", und über den Unterschied zwischen Begabung und Hochbegabung würden manche einander in die Haare geraten können.
"Ansichten", die solcherart mehr oder weniger überlegt vertreten werden, sind als "subjektive Theorien" zu bezeichnen.

Die Vielfalt der Fragen, die mit dem Thema "Begabung" gegeben sind, ist auch für wissenschaftliche Überlegungen – für wissenschaftliche Forschung und für Denk-Ansätze in der Wissenschaft, für Konzepte und "Modelle" – als Ausgangspunkt zu sehen!
In der Wissenschaft ist es nicht anders als in den Dingen des Lebens: Menschen zeichnen sich dadurch aus (!), dass sie verschiedene Ansichten über dieselben Sachverhalte haben (weil dieselbe Sache unterschiedlich "gesehen" wird).

Das sollte als Bereicherung für das menschliche Dasein gewertet werden: Vielfalt ist anregender als Einfalt!
Wissenschafter gehen von verschiedenen Denkstrukturen oder "Ansätzen" aus und entwickeln unterschiedliche Theorien.

Eine Grundfrage besteht zum Beispiel darin, ob in eine Definition ausschließlich messbare Kriterien aufgenommen werden oder ob jemand "ein breiteres Spektrum menschlicher Fähigkeiten" darin aufgenommen und enthalten wissen wollte. Es ist einerseits im Rahmen einer empirischen Theoriebildung notwendig, kontrollierbare (und wiederholbare) Nachweise für die Gültigkeit eines Konstrukts zu fordern; aber "Kreativität" und "Soziale Intelligenz" sind z.B. "Fähigkeitskonzepte, deren empirische Grundlegung auch nach intensiver bisheriger Forschung bislang nicht befriedigend gelang." (Wild, 1991, S. 19)

Die wahre Auseinandersetzung - besser: einer der tieferreichenden Gründe der Auseinandersetzung - geht daher um die Frage, ob im Interesse von "Bedeutungsgenauigkeit" nichts mehr von jenen Kriterien in einer Definition enthalten sein darf, die wir zwar in Erfahrung bringen können, die wir aber nicht messbar zur Verfügung haben.

In klarer Verneinung eines solchen Definitionsverständnisses vermerkt Renzulli: "If some degree of subjectivity cannot be tolerated, then our definition of giftedness and the resulting programs will logically be limited to abilities that can only be measured by objective tests." (Wild, 1991, S. 20)

Renzulli ordnet in diesen Auseinandersetzungen die unterschiedlichen Definitionsansätze nach Graden auf einem Spektrum zwischen "konservativ" und "liberal" zu: "Konservative" Ansätze sind nach dieser beschreibenden Zuordnung durch enge inhaltliche Eingrenzung in der Orientierung auf IQ-Werte charakterisiert - im extremen Fall wären das eben sogenannte "IQ-Definitionen".

Treffend ist dazu das Wort Flitners anzuführen: "Begabung als eine objektive und leicht feststellbare Größe anzusehen, ist gar nicht möglich. Wissen wir doch seit langem, wie sehr Lern- und Lebensbedingungen Begabung definieren ..., in denen die Sozialbedingungen des Aufwachsens und Lernens als unausmessbar große Faktoren ... Sichtbarwerden." (Flitner, 1992, S. 217, 218)

Indem der Autor weiter ausführt, dass Begabung, "wenn sie als solche erscheint, immer schon realisierte, fast immer schon geförderte oder ermöglichte Fähigkeit" ist (w.o.), nimmt er Bezug auf die feststellbare Leistung. Wenn und sofern von dieser beobachtbaren Leistung auf Begabung (für das Gebiet, auf dem eine hohe Leistung erbracht wurde) geschlossen werden kann, wäre eine Erklärung von Begabung angesprochen, die in der Literatur als "Ex-post-facto-Definition" gehandelt wird.

Da oft eine sehr einfache (lineare) "Rückerschließung" von Begabung im Alltag (leider auch der Schule!) angenommen wird, muss darauf hingewiesen werden, dass mit einer allzu simplen Interpretation dann genau jene Beschränktheit entsteht, die von den gegebenen gesellschaftlichen Leistungsanforderungen in den schulischen Fächern, ausgeht:

Es gibt dann eben eine "mathematische Begabung", eine "fremdsprachliche Begabung" u. dgl.... Was nicht - oder: wovon nichts - "rückerschlossen" werden konnte, das existierte dann nicht, weil es außerhalb der Vorstellung läge.

Aber gerade die Horizontüberschreitung ist (auch hier) das kreative Prinzip der Bildung!

Im Bestreben, eben diese Unterscheidung zwischen messbaren und nicht messbaren Aspekten im Zusammenhang mit Begabung - auch begrifflich! - sichtbar werden zu lassen, schlägt **Olechowski** vor, den Begriff Begabung in folgender Trias zu definieren: effektive Leistungen - Leistungspotential - Kapazität (Olechowski, 1987, S. 4ff): "Effektive Leistungen" werden bei jeder Prüfung und Testung festgestellt. Diese sind aber gar nicht so maßgebend, weil man ja - unabhängig von den konkreten Prüfungsaufgaben - wissen möchte, in welchem Ausmaß der Betreffende fähig ist, Aufgaben, wie sie im Test oder in der Prüfung gestellt werden, im allgemeinen zu lösen. Der Autor definiert als zweiten Begriff das "Leistungspotential" als jene Leistungen eines Menschen, die er unter subjektiv und objektiv optimalen Prüfungsbedingungen (die aber immer nur näherungsweise erreicht werden können) erzielt. Es gibt daher immer eine Diskrepanz zwischen den effektiven Leistungen und dem Leistungspotential, wobei die effektiven Leistungen meistens geringer sind als das Leistungspotential.

Unter der "Kapazität" versteht der Autor die durch die Vererbung festgelegte (aber nicht exakt feststellbare) obere Leistungsgrenze eines Menschen. Durch Lernverwahrlosung wird die Diskrepanz zwischen Leistungspotential und Kapazität vergrößert, durch ein entsprechendes Lerntraining verkleinert. Olechowski bezeichnet es als eine lebenslange Aufgabe des Menschen und zunächst auch der Erzieher und Lehrer des Kindes und des Jugendlichen, das Leistungspotential möglichst nahe an die Kapazität heranzubringen, wobei jenes aber kaum mit dieser identisch werden kann (vgl. Olechowski 1987, S. 4 ff, hier zitiert nach Kary, 1992).

Will man die Begriffsbildung und das Begriffsverständnis systematisch analysieren, so sind die verschiedenen Dimensionen in den Konzepten zum Begabungsbegriff zu betrachten.

Wissenschafter stehen mit ihren Erkenntnissen (die sie immer nur als vorläufig - und nicht als unabänderlich für alle Zeiten – erachten, oder jedenfalls so erachten sollten) in Diskussion und in Auseinandersetzung mit sich selbst und mit anderen.

Die Aufgabe der Wissenschaften (jedenfalls der Sozialwissenschaften – ein Begriff, der u.a. für Psychologie, Pädagogik, Soziologie in einem gewissen übergeordneten Sinn verwendet werden kann) besteht nicht darin - kann nicht darin bestehen - , Erkenntnisse gleichsam wie Doktrinen als allgemeingültig und unwiderruflich festzuschreiben und vorzuschreiben, sondern: Wissen in begründeten Zusammenhängen (Systemen) so darzustellen, dass das Fragen und Forschen angeregt wird.

"Wissenschaft" ist keine statische Angelegenheit, sie ist in Bewegung, weil sie immer darauf angewiesen ist, "auf der Suche nach – widerspruchsfreier - Erkenntnis" zu sein, d.h. auf der Suche danach, Widersprüche gegen bisher gesichert scheinende Erkenntnis aufzugreifen, sie zum Gegenstand der Kritik zu machen und als Motive für Klärungsbedarf, d.h. als Anlässe für weitere Forschungsintentionen aufzugreifen.

In überzeugender Weise hat diese Grundauffassung von Wissenschaft der aus Wien stammende Philosoph **Karl R. Popper** (1902 – 1994) – aufgrund seines Wirkens in England zum "Sir Karl Popper" befördert - propagiert:

In dem Buch "Ausgangspunkte", in dem er seine intellektuelle Entwicklung darstellt, schreibt er, dass ihn als Jugendlichen das Beispiel Einsteins, eine bisher festgehaltene Erkenntnis aufzugeben, fall sie gewissen Überprüfungen nicht standhielte, fasziniert und zu der Einstellung geführt habe, einzig in der kritischen Überprüfung von Erkenntnissen, in "Überprüfungen, die die Theorie widerlegen konnten", "die wahre wissenschaftliche Haltung" zu sehen (Popper 1994, S. 48).

In seinem Werk "Objektive Erkenntnis" richtet Popper den folgenden aufmunternden Ermutigungsappell nicht nur an (junge und alte) Wissenschafter, sondern an alle, die sich über "Gott und die Welt" (und die Menschen!) Gedanken machen:

"Versuche immer wieder, die Theorien, an die du glaubst, zu formulieren und zu kritisieren. Und versuche, Alternativtheorien aufzustellen – selbst zu den Theorien, die dir als völlig zwingend erscheinen; nur so wirst du die Theorien verstehen, an die du glaubst.

Betrachte deine Experimente (und Erfahrungen) immer als Prüfungen einer Theorie – als Versuche, Fehler in ihr zu finden.

Die Methode, etwas über die Welt in Erfahrung zu bringen, könnte man evokativ statt instruktiv nennen. Wir lernen etwas über unsere Umwelt nicht dadurch, dass wir uns von ihr instrumentieren lassen, sondern indem wir von ihr herausgefordert werden."
(Popper 1984, S. 278, 279).

Es ist völlig klar, dass dieser Appell gleichermaßen "Alltagstheorien" ("subjektive Theorien" über die Dinge des Lebens, "Ansichten" über Menschen und Dinge, manchmal zufällig angeheuerte, manchmal aus der Erfahrung begründete, positive und negative, oft sehr festgefügte, manchmal auch ganz unerbittliche und versteinerte) und wissenschaftliche Theorien betrifft.

"Wissenschaftliche Theorie" ist - in Wort und Begriff - als geordnetes und aufgrund von wissenschaftlicher Forschung entwickeltes System von Erkenntnis-Aussagen zu verstehen; es weist einen Erkenntniszusammenhang aus, der in seiner Begründung objektiv ist (d.h. intersubjektiv nachvollziehbar sein muss), der zugleich aber stets der Überprüfung offen steht und daher als veränderbar aufzufassen ist

Ein intelligenter Begriff von Wissenschaft existiert so im Selbstverständnis der Bereitschaft zur Reflexion, d.h. zur Veränderung und Neufassung von Erkenntnissen.

In Auseinandersetzungen kommt es leider allzu oft vor, dass Personen von liebgewordenen Erkenntnissen und gewohnten Denkmustern nicht abgehen wollen (oder "können) und eher entschlossen sind, Menschen ins Abseits zu drängen als ihre "Theorien" zu revidieren.

Popper vermerkt treffend, dass die Devise "Theorien - anstelle von Menschen - sterben zu lassen" in der Geschichte der Menschheit (und in den Geschichten der Menschen!) oft genug die bessere Alternative gewesen wäre und für die Zukunft sein könnte!

Es gibt Menschen, die von der Wissenschaft "eindeutige" Erklärungen und von den Wissenschaftern eine "Einigung auf eine bestimmte Definition" fordern.

Manche sprechen (etwas ungehalten) davon, dass es (zu einem bestimmten Thema) "unzählige Definitionen" gäbe und dass "noch immer nicht geklärt sei", was man darunter zu verstehen habe.

Ein solches Verständnis beizubehalten wäre unproduktiv, geisttötend, kreativitätshindernd und hemmend für das freie Denken; es wäre als Lehre diktatorisch und als politische Doktrin tödlich, weil lebensgefährlich für Andersdenkende.

2.2 Die Definition von Begabung als Prozess: Entdeckung der pädagogischen Kompetenz

In der vor mehr vierzig Jahren erschienen und bis heute bemerkenswerten Schrift zur Bildungsreform über „Begabung und Begaben" hat Heinrich Roth den Begriff des „Begabens" wieder in den Sprachgebrauch eingeführt.

Er ist bis in die Gegenwart manchen (gewollten oder ungewollten d.h. auf Unkenntnis beruhenden) Missverständnissen ausgesetzt.

„Begaben" bedeutet: sich so zu verhalten, dass man das Kind (den Jugendlichen, den Partner ...) seine besten Eigenschaften und Fähigkeiten - selbst ! - zu entdecken veranlasst.

Im „begabenden Verhalten", im „Begabend-Sein" (K. Urban, 1992) kommt eine Form der „sozialen Intelligenz" (H. Gardner, 1991) zum Ausdruck:

Den Umgang mit Menschen, denen wir das „Talent des Begabend-Seins" zuerkennen, beschreiben wir etwa mit folgenden Attributen: Sie sind anregend, sie bewirken, dass wir uns frei und sicher fühlen, dass wir „über uns selbst hinauswachsen" und zu unserem Erstaunen viel bessere Leistungen als sonst vollbringen, dass wir (ungeahnte) Ideen und Einfälle produzieren und uns selbst als kreativ erleben.

Eine solche Person zum Lehrer zu haben bedeutet, höchste pädagogische Begabung erfahren zu dürfen.

(Zur Verdeutlichung muss auf das Gegenteil, auf „begabungshinderndes Verhalten" hingewiesen werden: angsterzeugendes, komplexhaftes, autoritäres, erniedrigendes Verhalten....)

In direktem Zusammenhang mit dem Thema kommt es darauf an, „Begabungsforschung in pädagogischer Intention" zu beschreiben und zu interpretieren, d.i.
- Forschung zur Gestaltung von positiven Lernumwelten und
- Forschung zu persönlichkeitsorientierten Variablen.

Die prozess- und handlungsorientierten Modelle zur Erklärung von Begabung und Begabungsentfaltung von Gagnè und Heller entsprechen in diesem Gedanken der Verbindung von theoretischer Überlegung und praktischer Durchführung eher als die psychologisch intendierten Modelle von Renzulli, Mönks, Wieczerkowski, weil sie die von vornherein gegebene pädagogische Kompetenz in ihrer Herausforderung wie auch in ihrer Bewährung und Bewertung beschreiben und analysieren lassen.

So ist das gesamte Unternehmen als von Lehrern und Schulen ausgehend in wissenschaftlichen Studien nach Kriterien der Wirkung auf persönliche Bildungsmotivationen und auf Berufslaufbahnen zu untersuchen: Begabtenforschung in der Sichtbarmachung pädagogischer Kompetenz.

Es mag eine der Ursachen für die Schwierigkeiten der Entdeckung und Verwendung handlungsorientierter - und das heißt hier pädagogischer - Modelle im Unterricht darin liegen, dass in vielen Bereichen das Problem von Begabung mit der Identifikation nach psychologischer Testung als beendet erachtet wurde.
Die Mitwirkung der Psychologie in der gesamten Begabungsforschung und in der Wahrnehmung der psychischen Verfassung von Begabten und Hochbegabten wie auch in der Sensibilisierung für die betreffenden Lebenssituationen ist freilich unverzichtbar.

Die Forderung nach Artikulation des Pädagogischen in diesem Zusammenhang bezieht sich auf das Tun, d.h. auf den Umgang und auf das Lernen mit begabten Kindern und Jugendlichen in dem Bestreben, ihre Begabungen, ihre besonderen Fähigkeiten, ihre Kreativität und Motivation möglichst umfassend zur Entfaltung kommen zu lassen.

Diese Intention als Maßgabe für die Wissenschaft erhob bereits am Beginn der Debatte anfangs der 50er-Jahre der Doyen der Begabungsforschung, **Heinrich Roth**, in seiner grundlegenden Abhandlung über "Begabung und Begaben" (Roth 1952):
"Wir brauchen einen pädagogischen Begabungsbegriff, der das trifft, was wir tun, wenn wir zum Denken erziehen .... Es gibt keine Anlagen, die direkten Leistungsformen entsprechen würden, höchstens sehr allgemeine Leistungsformen wie Sprachfähigkeit, Raum- und Zahlensinn ...
Diese allgemeinen Leistungsformen sind in ihrer Entwicklung auf spezifische Leistungsformen ihrer Zeit als auf die eigentlich sie erweckenden und entwickelnden Anreize angewiesen.
Wir versuchen deshalb, um zu einem pädagogischen Verständnis der Begabung und Begabungsentfaltung vorzustoßen, im Folgenden nicht die Begabung als Eigenschaft zu definieren, sondern diesen Prozess der Begabungsentfaltung zu beschreiben bzw. beschreibend nachzubilden."

Alle Unternehmungen zur Förderung von Begabten haben nur dann einen Sinn, wenn sie der Evolution des Bewusstseins und dem Fortschritt der Menschheit dienen:
Ein altes Paradigma (Denkmuster), das der Vergangenheit angehört, sieht höchste Fähigkeiten und Leistungen wie selbstverständlich in Verbindung mit Konkurrenz und

folgert daraus, dass Hochbegabung und Kooperation im Verhältnis des "Entweder-Oder" angenommen werden müssten-, es ist an der Zeit, ein neues Paradigma, das sich erst gegen gesellschaftlich hergestellte Dummheit (vgl. Mitscherlich) durchsetzen muss, zu verbreiten: Jenes der Hilfe für Begabte und der Integration ihrer personalen Entwicklung in einer begabungsfreundlichen Lernkultur.

Mit dem Titel **"Mut zur Begabung"** erschien die Veröffentlichung von **Erika Landau** (1990), Psychotherapeutin und Gründerin bzw. Leiterin des Institutes zur Förderung der Wissenschaften und Künste für Kinder und Jugendliche in Tel Aviv.
Landau erklärt ihre Motivation zur Behandlung des Themas ausdrücklich damit, "für die Begabten und ihre Umgebung geschrieben" zu haben. "um sie zu stärken, dass sie den Mut haben, ihre Begabung zu realisieren" (Landau, 1990, S. 9).

Sie bringt die Hoffnung zum Ausdruck, dass ihr Buch *"Eltern, Erziehern und Lehrern helfen wird, ... Fähigkeiten zu erkennen und ... (dem Kind) die Sicherheit und Freiheit zu gewähren, so zu sein, wie es sein kann. Nur dann wird ein Kind es wagen, seine Begabung zu verwirklichen und die Verantwortung zu übernehmen, für sich und seine Umwelt zu wirken."* (Landau, 1990, S. 11)

Die Frage - ' Warum Begabtenförderung?" ist demnach durch die folgenden Motive beantwortbar:
ein personenorientiertes Motiv im Sinne eines individuellen Rechtes auf Selbstverwirklichung, damit Begabung nicht als Behinderung erlebt werden muss;
ein gesellschafts- und wirtschaftsorientiertes Nützlichkeitsmotiv, nicht nur im Sinne der Nutzbarmachung der Begabung für die Gesellschaft (die im Extrem als fast kannibalische "Ausschöpfung" der Begabungsreserven missverstanden wild), sondern im Sinne des Ansporns und der Anregung, die von Hochbegabten für alle anderen ausgehen kann;
ein globales, auf die gesamte Menschheit ausgerichtetes Motiv in der Vision einer Begabung zum Frieden, wie sie auch in der Programmerklärung des World Council for Gifted and Talented Children zum Ausdruck kommt (vgl. Oswald, 1991).

2.3 Intentionen der Begabungsforschung – "Modelle" des Forschungsdenkens

Im Folgenden werden Konzepte der Begabungsforschung in der Weise beschrieben, dass einerseits die historische Entwicklung, die zugleich eine solche von der Ein- zur Mehrdimensionalität des Denkansatzes ist, und die "Wiederentdeckung" eines pädagogischen Begabungsbegriffes (zu diesem hatte Heinrich Roth bereits in den 50er Jahre Grundlegendes argumentiert und erläutert) vorgestellt wird:

- Intelligenzforschung (Wechsler, Rost) und die Theorie der multiplen Intelligenzen (Gardner)
- Konzepte von Begabung als Mehr-Faktoren-Modell (Renzulli, Mönks)
- Potential-Performanz-Konzeptionen (Gagnè, Heller)
- Soziokulturell orientierte Modelle (Gardner, Csikszentmihalyi)
- Konzepte, die das Kriterium der Lernfähigkeit zum Gegenstand der Forschung erheben (Sternberg, Roth)

2.3.1 Begabung im Konzept Intelligenzforschung

Wer sich mit "Intelligenz" befassen (und sich nicht bloß rhetorisch die Frage "Was ist das?" stellen) will, wird erkennen, dass es eine allgemein in Anwendung stehende wissenschaftliche Definition des Begriffs nicht gibt.
Diese Tatsache anzuerkennen setzt das Erfassen von Kriterien voraus, die für die jeweils verschiedenen Begriffsbildungen bestimmend sind.
Unterschiedliche Denkansätze werden dann in ihrem Zugang zu einer bestimmten Begriffsbildung verstanden und nachvollziehbar; die Pluralität der Forschungsansätze wird als das "bewegende" Moment der Wissenschaft erkannt und für das eigene Denken als Bereicherung erlebt.

Diese Grunderfahrung wissenschaftlicher Diskussion soll hier an zwei verschiedenen Überlegungen zum Thema vermittelt werden:
erstens, an Konzepten, in denen die Auffassung von Intelligenz als Leistungsdisposition (und in diesem engeren Sinn als 'Fähigkeit') zum Ausdruck kommt, wobei Anmerkungen zur Interpretation des Intelligenzquotienten (IQ) notwendig sind, und zweitens, an neueren Konzepten, zu deren Kennzeichnung von einer Theorie bzw. von Theorien der "multiplen Intelligenzen" (vgl.: Howard Gardner, 1991: Abschied vom IQ) gesprochen wird.

Intelligenzkonzepte im Denkansatz "Fähigkeitsorientierung"

William Stern (1871 – 1938), einer der ersten Begabungsforscher – er ist wegweisend für die frühe Intelligenztestformierung in der ersten Hälfte des 20. Jahrhunderts – bezeichnet Intelligenz zunächst als "die allgemeine Fähigkeit eines Individuums, sein Denken bewusst auf neue Forderungen einzustellen", nach seinem späteren Forschungsansatz als "die personale Fähigkeit, sich unter zweckmäßiger Verfügung über Denkmittel auf neue Forderungen einzustellen" (zit. bei Heller 1991, S. 19).

Von ihm stammt die erste Berechnungsart des Intelligenzquotienten in der Weise, dass *das Intelligenzalter (I A) - d.i. die in Entsprechung zu einer bestimmten Altersstufe erprobte und erhobene und damit für dieses Alter als allgemein geltend anzunehmende*

Testleistung -, dividiert durch das Lebensalter (L A) des konkret getesteten Kindes, multipliziert mit 100, den IQ-Wert ergibt.
(Wenn also ein achtjähriges Kind bei einem Test alle Aufgaben löst, die in der Testvorgabe für diese Altersgruppe von einem achtjährigen Kind gelöst werden sollen, so hat es das "Intelligenzalter acht", somit den IQ (I A / 8 : L A / 8 mal 100) = 100; wenn ein achtjähriges Kind alle Aufgaben löst, die in einer Testvorgabe für zehnjährige Kinder bestimmt sind bzw. von Zehnjährigen gelöst werden sollen, so hat es das "Intelligenzalter zehn", somit den IQ (I A / 10 : L A 8 mal 100) = 125.)

Empirische Untersuchungen haben gezeigt, dass die Interpretation von IQ-Werten bei Kindern verschiedener Altersstufen nicht vergleichbar sind.

Das Verfahren im weiteren Fortschritt der psychologischen Forschung – die Angabe eines Messwertes, der die Abweichung vom Mittelwert der Normalerteilung kennzeichnet – ist mit dem Namen des Begabungsforschers **David Wechsler** und mit dem nach ihm benannten Intelligenztest verbunden.
(Heller führt unter diesem Bezug u.a. die Testtitel "WISC – Wechsler Intelligence Scale for Children", "HAWIK – Hamburg-Wechsler-Intelligenztest für Kinder", "HAWIE – Hamburg-Wechsler Intelligenztest für Erwachsene" mit den Hinweisen auf Bearbeitung an: Heller 1991)

Wechsler definiert Intelligenz als "die zusammengesetzte oder globale Fähigkeit des Individuums, zweckvoll zu handeln, vernünftig zu denken und sich mit seiner Umgebung wirkungsvoll auseinanderzusetzen" (Heller 1991, S. 19).

Als Intelligenztest gilt heute ein standardisiertes Verfahren, in das meist mehrere Intelligenzfaktoren zur Leistungsmesssung aufgenommen sind, z.B.: Merkfähigkeit, Fähigkeit zum logischen Denken, Sprachkompetenz, räumliches Vorstellungsvermögen, Abstraktionsfähigkeit.
(Testbezeichnungen geben Hinweise auf die jeweilige Schwerpunktsetzung, z.B. "KFT – Kognitiver Fähigkeitstest", "TDK – Test zum kreativen Denken" ....)

Für die Kennzeichnung des Intelligenzwertes bzw. der Leistung einer Person im Testverfahren wird nicht mehr der Bezug zur Durchschnittsleistung der jeweiligen Altersgruppe herangezogen, sondern die Stellung in der Normalverteilung (der Gauß'schen Kurve).

Bei der Normalverteilung wird vom Mittelwert 100 ausgegangen; die individuelle Leistung wird durch die Abweichung vom Mittelwert – oberhalb oder unterhalb dieser Bezugsgröße -. angegeben. (Mittelwert und Streuung, Abweichung vom Mittelwert, Standardabweichung ergeben den Verlauf der Normalverteilung; für die Intelligenztestwerte wird - sprachlich nicht ganz korrekt - die Bezeichnung IQ weiter verwendet, oft aber auch die Angabe eines Prozentranges).

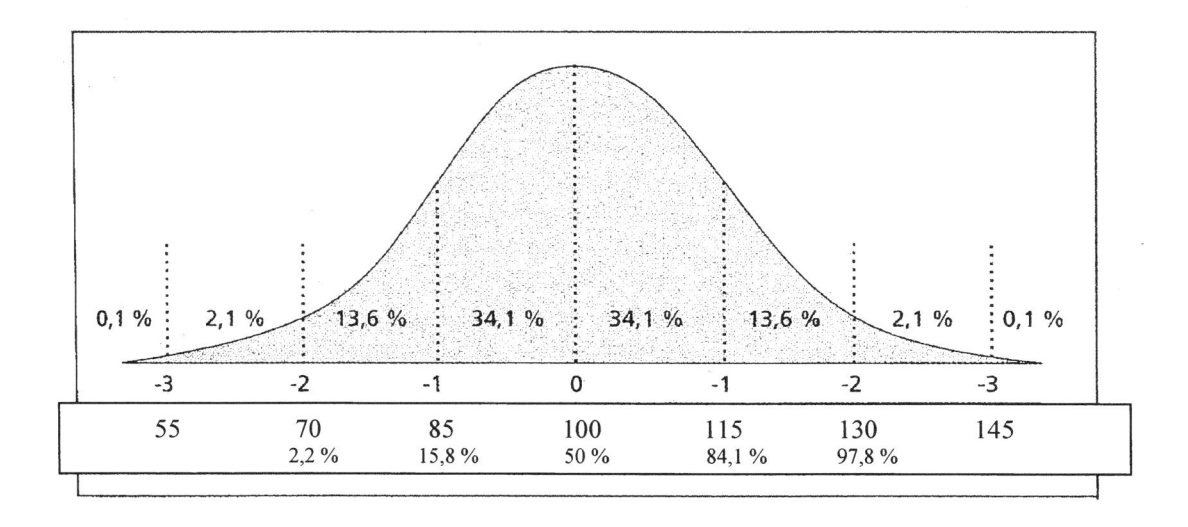

0,1 %	2,1 %	13,6 %	34,1 %	34,1 %	13,6 %	2,1 %	0,1 %
-3	-2	-1	0	-1	-2	-3	
55	70	85	100	115	130	145	
	2,2 %	15,8 %	50 %	84,1 %	97,8 %		

Mit Intelligenztestwerten werden von Begabungsforschern unterschiedliche Abgrenzungen zu charakteristischen Qualifizierungen – von "Debilität" bis "Hochbegabung" – verwendet. Personen wird attestiert, dass "durchschnittlich begabt", "normal begabt", "gut begabt" oder "hochbegabt" sind; oder es kommt in sprachlicher Formulierung aufgrund statistisch gesicherter Annahme die Erwartungshaltung zum Ausdruck, dass in einer bestimmten Population (z. B. innerhalb der Gesamtzahl von Kindern eines Geburtsjahrganges) etwa 10% "überdurchschnittlich Begabte" und etwa 2,5% "Hochbegabte" zu finden seien.

Im Zusammenhang mit solchen (keineswegs allgemein gebräuchlichen!!) Abgrenzungen legt z. B. Detlef Rost die Bezeichnung von Hochbegabung mit dem IQ-Wert 130 (und darüber) fest.
Nun ist diese Festlegung weder als allgemein akzeptierte Erklärung und schon gar nicht als Definition für Hochbegabung anzusehen, der IQ ist nur e i n Wert für das, was Begabung ausmacht!
Wenn man jedoch – mit aller Kenntnis der Nicht-Eindeutigkeit einer solchen Festlegung mit einem Zahlenwert – überlegt, dass 2,5,% der Gesamtzahl der Kinder eines Geburtsjahrganges in diesen Bereich kommen, lässt dies den folgenden Schluss zu:
Bei einer für das Jahrzehnt 1991 – 2001 gegebenen durchschnittlichen Größe der Zahl der Lebendgeborenen – rund 80 000 – werden in Österreich pro Jahr 2 000 Kinder geboren, die diesem Bereich entsprechen!

Das Intelligenzkonzept in einer "Theorie der multiplen Intelligenzen"

Aufgrund von hirnphysiologischen Untersuchungen kann die Autonomie einzelner Intelligenzfunktionen angenommen werden: Wenn ausgeprägte Spezialbegabungen bei sonst höchst durchschnittlichen oder unterdurchschnittlichen Fähigkeiten auftreten (extrem bei sogenannten "idiots savants"; vgl. auch: Sacks, Oliver, 1999: Der Mann, der seine Frau mit einem Hut verwechselte, Rowohlt) oder wenn nach Gehirnverletzungen nur selektive Beeinträchtigungen von intellektuellen Funktionen auftreten, während andere intakt bleiben.

Howard Gardner ist als Begabungsforscher mit der "Rahmentheorie der vielfachen Intelligenzen" bekannt geworden.
Dem Titel seines Buches "Frames of Mind. The Theory of multiple Intelligences" ist in der deutschen Ausgabe die programmatische Attribution "Abschied vom IQ" vorangestellt – als Aufforderung zu einer großräumigen Vorstellung von Intelligenz(en).

Begabungen oder Intelligenzen – der Bedeutungsunterschied erscheint bei Gardner als unerheblich – werden wie folgt angegeben:

(1) Linguistische Intelligenz (linguistic intelligence) – die Fähigkeit zu sprachlicher Virtuosität in ästhetischer, logischer und kommunikativer Dimension, zur Sensitivität für Wortbedeutungen, auch im "Verstehen" anderer Personen,
(2) Musikalische Intelligenz (musical intelligence) – die Fähigkeit, Melodien, Rhythmen, Klangfarben und Harmonien bzw. Disharmonien wahrzunehmen, im Gedächtnis behalten zu können, sie wiederzugeben oder auch zu verändern,
(3) Logisch-mathematische Intelligenz (logical-mathematical intelligence) – die Fähigkeit, formallogisch denken zu können, Abstraktionen, Ähnlichkeiten und Gemeinsamkeiten in mathematischen Operationen zu vollziehen,
(4) Räumliche Intelligenz (spatial intelligence) – die Fähigkeit, räumliche Vorstellungen mental erzeugen und verändern zu können, die Identität zwischen gedachter und real vorhandener Raumwahrnehmung sehen zu können,
(5) Körperlich-kinästhetische Intelligenz (bodily-kinesthetic intelligence) – die Fähigkeit, die Koordination zwischen Bewusstsein und Bewegung (psychomotorische Leistungen), z. B. bei Sport, Tanz, Instrumentenhandhabung wie selbstverständlich zu beherrschen,
(6) Intrapersonale Intelligenz (intrapersonal intelligence) – die Fähigkeit, für die eigene Empfindungswelt sensibel zu sein, eigene Gefühle sich bewusst machen und (auch für sich selbst) benennen und sprachlich formulieren zu können,
(7) Interpersonale Intelligenz (interpersonal intelligence) – die Fähigkeit, andere Menschen wahrzunehmen und zu verstehen, mit ihnen kommunizieren zu können und Konflikte lösen zu können (soziale Intelligenz).

Für Gardner ist die Überlegung zur Identifizierung weiterer Intelligenzen offen:
(a) Naturalistische Intelligenz – die Fähigkeit, Leben zu werten und Sensibilität für Naturphänomene entwickeln zu können,
(b) Existentielle Intelligenz – die Fähigkeit, Grundfragen des menschlichen Daseins zu erkennen und Antworten bzw. Lösungen zu suchen

2.3.2 Begabung nach dem Mehr-Faktoren-Modell

Das **Drei-Ringe-Konzept (The Three-Ring-Conception of Giftedness)**, mit dem **Joseph S. Renzulli** in den 70er Jahren an die Öffentlichkeit trat (Renzulli 1978, 1986) leitete eine neue Entwicklung ein und führte die Begabungsforschung aus der „Sackgasse der Intelligenz".

Mit diesem deutlichen Wort hatte schon zwei Jahrzehnte vorher Heinrich Roth einen pädagogischen Begabungsbegriff thematisiert, indem er die Bedeutung und die Notwendigkeit „des Begabens" propagierte:
„Die Begabungsforschung der Psychologie hat sich auf die Intelligenzforschung verengt. Sie hat mit einer unerhörten Intensität den Schleier des Geheimnisses, was Intelligenz ist, zu lüften versucht und ist bei dem erschreckenden Ergebnis angelangt, dass Intelligenz das ist, was der Intelligenztest misst. Diese zynische Bemerkung Spearmans ist nicht so absurd, wie sie zunächst aussieht." (Roth, 1952, S. 114)

Die Erweiterung des Begabungskonzeptes durch Renzulli öffnet das Tor für pädagogische Intervention.
Der Miteinbezug von Kreativität verlangt schon von selbst die soziale Komponente einer fördernden Umwelt (jedenfalls einer solchen Umwelt, die Kreativität nicht verkennt oder unterdrückt), der Faktor „Aufgabenengagement" (task commitment)

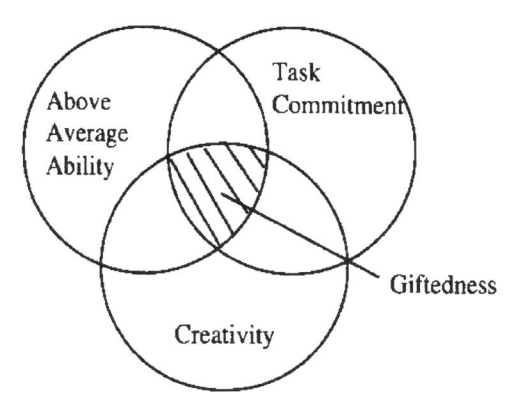

erfordert mit „Interesse" und Motivation noch deutlicher den Bezug zu einer begabungsfreundlichen Lernkultur.

Franz Mönks (Professor für Psychologie der Universität Nijmegen, mehrer Jahre Präsident des Europäischen Rates für Hochbegabtenförderung „ECHA – European Council for High Ability") erweiterte das Renzulli-Konzept mit den Hinweisen auf die Einwirkung der personalen Umwelten auf die Entwicklung von Begabungen (Mönks 1988, zit. in Oswald 1993, S. 37). Anstelle von „task commitment" spricht er von Motivation.

In der Bezugnahme auf die Wechselwirkung – "Interdependenz" - aller Faktoren tritt die Bezeichnung "**Triadisches Interdependenzmodell**" in Erscheinung:

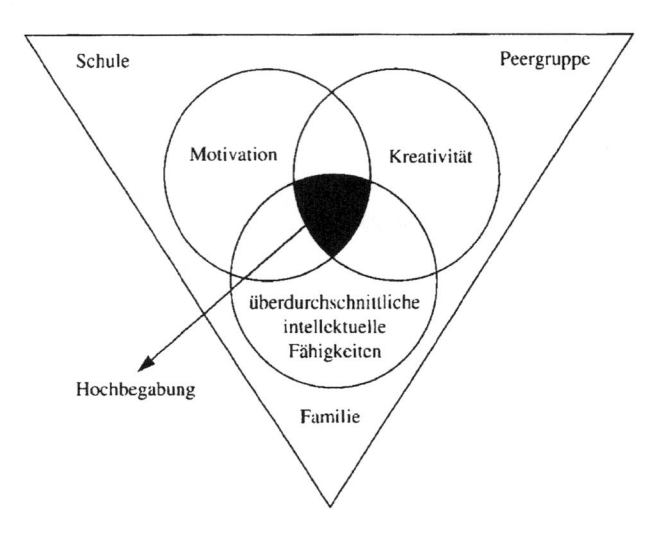

Hier wird das **soziale Umfeld** mit einbezogen; davon hängt die Entfaltung von Begabung wesentlich ab: Beziehungen in Familie, Schule, Peergroup (Peergruppe)

Mit **peergroup (Peerguppe)** wird die Gemeinschaft der *gleichgesinnten* Freunde bezeichnet (nicht unbedingt die der gleichaltrigen Freunde).
Wie wichtig das Erlebnis der Gemeinschaft gerade für hochbegabte Kinder ist, zeigen besonders deutlich die Aussagen der TeilnehmerInnen von „Olympiaden": Für viele Preisträger war die Gemeinsamkeit des Lernens, Freuens, Freizeitverbringens mit Gleichgesinnten d a s große nachhaltige Erlebnis.

Es ist demnach hier von "zwei Triaden" die Rede: von den drei Faktoren des Renzulli-Konzeptes und von drei sozialen Umweltfaktoren.
Mönks interpretiert hiezu (Mönks, in Oswald 1993, S. 36): "In diesem Modell wird zum Ausdruck gebracht, dass eine positive Verflechtung der beiden Triaden bestimmend ist für eine mögliche 'einwandfreie' Entwicklung von hochbegabten Personen. Da sowohl das Zusammenspiel der Persönlichkeitsfaktoren und der sozialen Umgebungen,

gleichzeitig jedoch auch die gegenseitige Abhängigkeit der beiden Triaden betont wird, ist es einfacher, störende Faktoren aufzuzeigen."

Zur näheren Ausführung des "Drei-Ringe-Konzepts" von Renzulli kann die folgende Darstellung dienen: das **„Komponenten-Modell" von Wieczerkowski/Wagner** (zit. nach Manstetten & Albrecht 1991, S. 24):

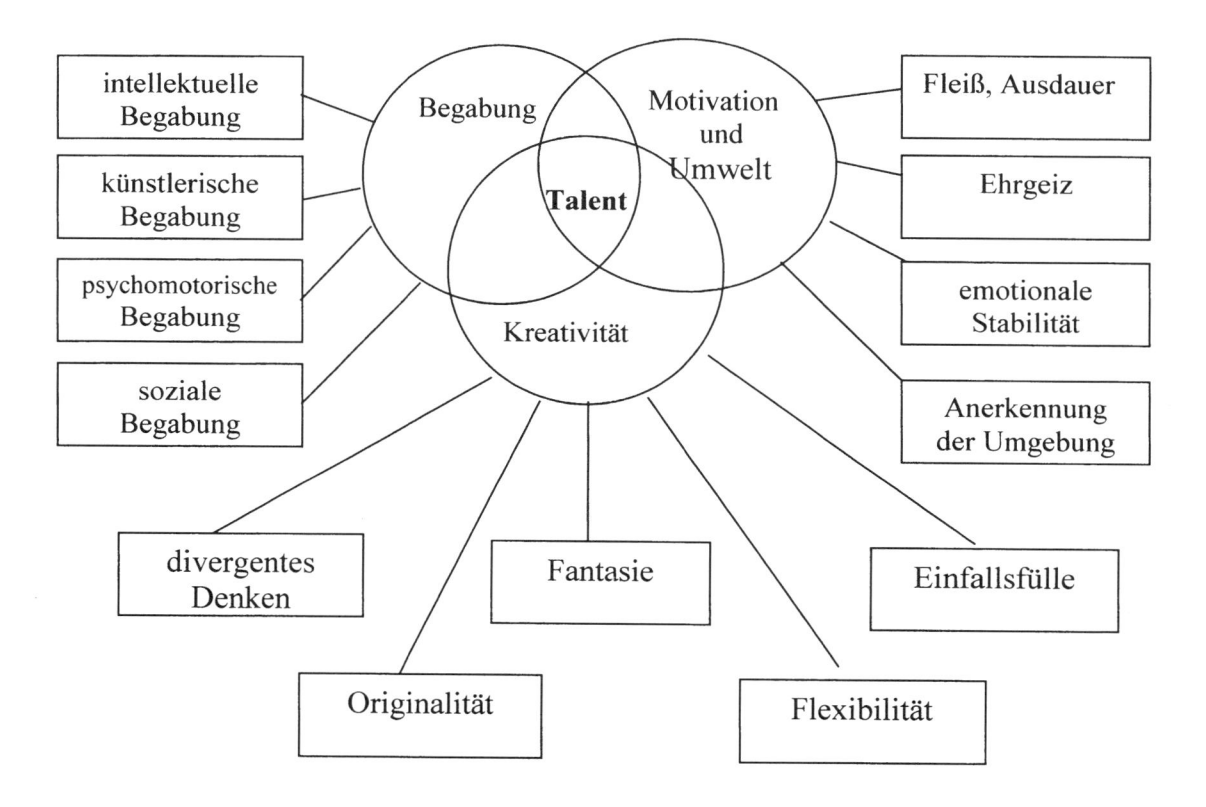

Mehr-Faktoren-Konzepte vermitteln die Erkenntnis, dass "Begabung" grundsätzlich aus dem **Zusammenwirken** von (1) besonderen überdurchschnittlichen (allgemeinen oder speziellen) Fähigkeiten mit (2) Kreativität und (3) Motivation bzw. Einsatzbereitschaft und (4) der Einwirkung von förderlichen Umweltgegebenheiten erklärbar ist bzw. dass sie nur in diesem Zusammenspiel entstehen kann.

Die Modelle – Renzulli, Mönks, Wieczerkowski und Wagner - gehen ab von der Vorstellung, nach der Intelligenz mit Begabung gleichzusetzen wäre.
Die Entwicklung der Begabungsforschung "von der Eindimensionalität zur Mehrdimensionalität" ist damit angebahnt worden.

Einige Erklärungen zu den Faktoren sind dem hinzuzufügen:

(1) Überdurchschnittliche Fähigkeiten (above average abilities):
intellektuell: denkerische Fähigkeiten, sprachanalytisch, naturwissenschaftlich ....
künstlerisch: musikalische, bildnerische, darstellende "Visionen"
psychomotorisch (Koordination von Bewusstsein und Bewegung): körperlich-kinästhetische Fähigkeiten, Virtuosität mit Instrumenten, sensible Fähigkeiten (Chirurg)
sozial: Fähigkeit der Menschenführung und der Beratung, Fähigkeiten des "Begabens" (Menschen mit diesen Fähigkeiten sind jene, in deren Gegenwart wir zu Hochleistungen „auffahren")

(2) Kreativität (creativity)
Kreativität betrifft das „Schöpferische", das „Außergewöhnliche", das „Neue";eine Definition (Festlegung) für Kreativität auszugeben, wäre nicht sinnvoll, denn damit würde etwas „bestimmt", was nicht dingfest zu machen ist.
Es gibt nur Behelfsbegriffe, die Kreativität beschreiben: divergentes Denken, Originalität, Phantasie, Flexibilität, Einfallsfülle.
Originalität - die Fähigkeit, Neues zu schaffen, ungewohnte Gedankenverbindungen zu "kreieren"
Flexibilität - Freude am neuen Denken, an Neuem überhaupt, keine Angst vor Veränderung (gesunde kindliche Neugier)
Divergentes Denken - die Fähigkeit, aus gewohnten Denkbahnen auszusteigen; es ist die Voraussetzung für alles, was in Wissenschaft und Kunst neu geschaffen wird.

(3) Motivation, Umwelt, Aufgabenengagement (task commitment):
Ausdauer: Ohne die Fähigkeit, sich für längere Zeit auf eine Aufgabe zu konzentrieren, kann sich Begabung nicht entfalten.
Anerkennung, Beachtung, Wahrnehmung durch die Umgebung ist von Bedeutung für die „Selbstwahrnehmung" und „Selbsteinschätzung".

2.3.3 Potential-Performanz-Konzeptionen für Begabung

Konzeptionen, die auf eine Unterscheidung zwischen Potential und Performanz (potential and performance) aufmerksam machen wollen, vermitteln zwei grundlegende Erkenntnisse der Begabungsforschung:

(1) Es muss begrifflich zwischen "Fähigkeit" und "Leistung" unterschieden werden: "Fähigkeit" betrifft die in einem Menschen vorhandene "Dispositionen", aus der möglicherweise eine spezielle Begabung hervorkommen oder mehrere Begabungen

entwickelt werden können; "Leistung" betrifft die manifest gewordene – erkannte und erwiesene – Begabung.

Im englischen Sprachgebrauch wird in einem ähnlichen Sinn zwischen "Giftedness" und "Talent" unterschieden.

Von einer als "Leistung" manifest gewordenen Begabung (Performanz) – z.B.: einer mathematischen Begabung - kann eine möglicherweise größer angelegte "Fähigkeit" (ein Potential) – z.B.: logische Denkfähigkeit - rück-erschlossen werden.

Ein solches Potential würde dann auch zu anderen Begabungen (Leistungen) führen können, also "befähigen": Finanzmathematik, Informatik, Raumplanung ......

(2) Für Entfaltung von Begabungen (Leistungen) aus grundlegend vorhandenen Fähigkeiten sind Persönlichkeits- und Umweltfaktoren maßgebend.

Positive personale Umweltgegebenheiten (Aufmerksamkeit für die Interessen des Kindes) fördern die Entfaltung von Begabungen aus vorhandenen Dispositionen.

Negativ gestimmte personale Umwelten (Nichtbeachtung, Herabsetzung, autoritäre Bestimmung über das Kind) hemmen oder verhindern die Entwicklung von Begabungen aus (möglicherweise vorhandenen!!) Dispositionen:

Die Umwelt wirkt fördernd: Fähigkeiten werden zu Leistungen entwickelt.

FÄHIGKEIT ------------- | UMWELT | -----> LEISTUNG

Die Umwelt wirkt hemmend: Fähigkeiten verkümmern, Leistung kann nicht entwickelt werden.

FÄHIGKEIT   ╱ | UMWELT | ╱   ~~LEISTUNG~~

Die begriffliche Unterscheidung zwischen **"potential"** und **"performance"** (**Disposition** und **Ausprägung**) ist von grundsätzlicher Bedeutung für das Bewusstwerden pädagogischer Kompetenz – in mehrfacher Hinsicht:

Bei herausragender Leistung kann auf ein Vorhandensein von hoher Fähigkeit geschlossen werden.

Aus dieser hätten auch andere Leistungsfelder entfaltet werden können, wenn andere Umweltgegebenheiten (andere Interessenwahrnehmungen, andere Begegnungen) wirksam gewesen wären.

Andererseits wird nicht jede Fähigkeit zu einem bestimmten Leistungsfeld geführt.

Fördernde oder hemmende Eigenschaften der Person selbst sind für die Entfaltung oder Nicht-Entfaltung einer Fähigkeit zu einer Leistung maßgebend.

Es wird hier das verdeutlicht, was mit der Vorstellung eines pädagogischen Begabungsbegriffs intendiert ist:
Aus „allgemeinen Leistungsformen" wie Sprachfähigkeit, Raumvorstellungsvermögen, Musikalität, Kombinationsfähigkeit u.a. können durch „die eigentlich sie erweckenden und entwickelnden Anreize" die Talente zur Entfaltung gebracht werden.

Dieser grundlegende Hinweis wird auch in der **„Marland-Definition"** angesprochen: Begabte Kinder werden in der Form charakterisiert, dass sie auf Grund von ausgezeichneten Fähigkeiten imstande sind, hervorragende Leistungen zu erbringen. (Harrington u.a., 1991, Zit. Mönks; Oswald 1993, S. 34):

„Hochbegabte und talentierte Kinder, als solche identifiziert durch fachlich qualifizierte Personen, sind auf Grund ihrer ausgezeichneten Fähigkeiten im Stande, hervorragende Leistungen zu erbringen. Es sind Kinder, für die differenzierte Unterrichtsprogramme und -angebote erforderlich sind, die das in der Regelschule angebotene Programm übersteigen, so dass sie ihren Beitrag für sich selbst und die Gemeinschaft verwirklichen können. Kinder, die im Stande sind, hervorragende Leistungen zu vollbringen, umfassen all jene, die Leistungen vollbracht haben und/oder potenzielle Fähigkeiten auf einem oder mehreren der nachfolgenden Gebiete besitzen:

(1) allgemeine intellektuelle Fähigkeiten;
(2) spezifische akademische Fähigkeiten;
(3) kreatives und/oder produktives Denken;
(4) soziale Hochbegabung (Führungsqualitäten)
(5) bildende und darstellende Künste (Künste und Sport)"

Zum besseren Verständnis der etwas verwirrenden Formulierung in der deutschen Übersetzung – "Kinder, die im Stande sind .... umfassen all jene ...." - kann die englische Originalversion direkt beitragen:
"Children capable of high performance include those with demonstrated achievement and/or potential ability in any of the following areas, singly or in combination:
(1) general intellectual ability
(2) specific academic aptitude
(3) creative and productive thinking
(4) leadership ability
(5) psychomotor ability"

Potential-Performanz-Konzepte erklären "Begabung" als Prozess und führen damit zur Entdeckung der pädagogischen Kompetenz, indem sie den Prozesscharakter von Begabung als Entwicklung deutlich machen.

Begriffsverständnisse bestimmen so - auch wenn dieser Zusammenhang nicht immer klar bewusst ist und eher intuitiv erkannt bleibt - die Praxis des Handelns.

Das jeweilige Begriffsverständnis von "Begabung" bestimmt ebenso die Praxis unterrichtlicher Intentionen und personaler Erwartungshaltungen.

Die **prozess- und handlungsorientierten Modelle** zur Erklärung von Begabung und Begabungsentfaltung von **Gangé und Heller** entsprechen in diesem Gedanken der Verbindung von theoretischer Überlegung und praktischer Durchführung eher dem pädagogischen Anspruch als die psychologisch intendierten Modelle von Renzulli, Mönks, Wieczerkowski, weil sie die von vornherein gegebene **pädagogische Kompetenz** in ihrer Herausforderung wie auch in ihrer Bewährung und Bewertung beschreiben und analysieren lassen.

Es mag eine der Ursachen für die Schwierigkeiten der Entdeckung und Verwendung handlungsorientierter - und das heißt hier pädagogischer - Modelle im Unterricht darin liegen, dass in vielen Bereichen das Problem von Begabung mit der Identifikation nach psychologischer Testung und Beratung als beendet erachtet wurde.
Die Mitwirkung der Psychologie in der gesamten Begabungsforschung und in der Wahrnehmung der psychischen Verfassung von Begabten und Hochbegabten wie auch in der Sensibilisierung für die betreffenden Lebenssituationen ist unverzichtbar, die Forderung nach Artikulation des Pädagogischen in diesem Zusammenhang bezieht sich auf das Tun, dh auf den Umgang und auf das Lernen mit begabten Kindern und Jugendlichen in dem Bestreben, ihre Begabungen, ihre besonderen Fähigkeiten, ihre Kreativität und Motivation möglichst umfassend zur Entfaltung kommen zu lassen.

Diese Intention als Maßgabe für die Wissenschaft erhob – wie schon früher angedeutet - bereits am Beginn der Debatte anfangs der 50er Jahre der Doyen der Begabungsforschung, **Heinrich Roth,** in seiner grundlegenden Abhandlung über **"Begabung und Begaben"** (Roth 1952).

Das Dynamische Modell zur Begabungsentfaltung nach Gagnè

Der zentrale Aspekt der weiteren Entwicklung und Klärung des Begabungskonzeptes liegt nun auch für Gagnè in dem, was anfangs als „task commitment" begrifflich höchst komplex erfasst gewesen war.
In diesem Modell wird nun endgültig auf die Bedeutung der pädagogischen Lernumwelten, auf die didaktischen Möglichkeiten zur Begabungsförderung Bezug genommen.

Was in Gagnès Modell als „Catalyst" aufgenommen wird, kennzeichnet zweierlei: sowohl die Beziehung zu den Lernumwelten als auch ihre „Katalysator"-Wirkung der fördernden oder nicht-fördernden Einflussnahme im Prozess der Entfaltung von „Giftedness" zu „Talent", vom Potential (einer Begabung) zur Performanz (ihres Ausdrucks, ihrer Realisierung durch Leistung):

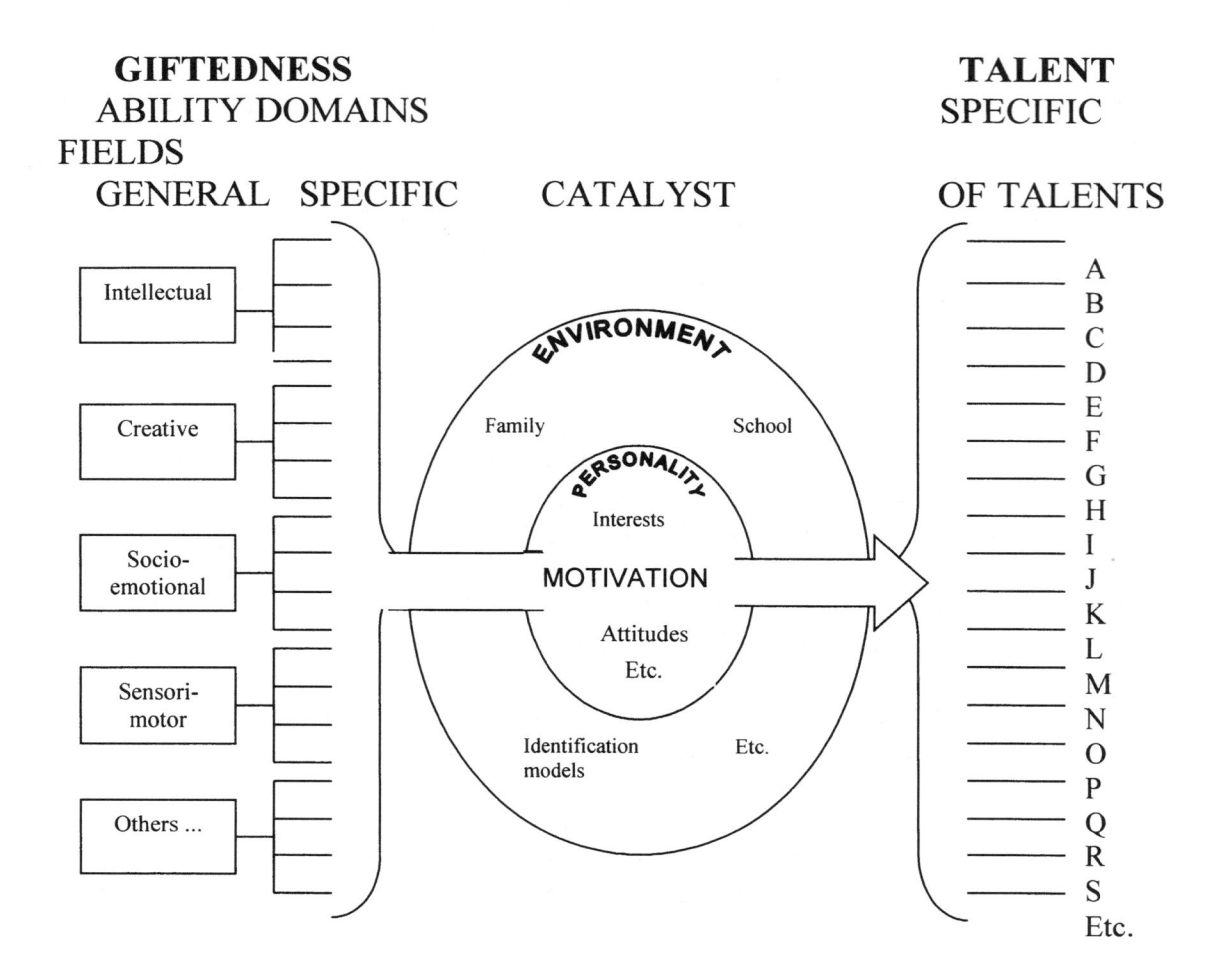

```
     GIFTEDNESS                                              TALENT
   ABILITY DOMAINS                                          SPECIFIC
 FIELDS
   GENERAL   SPECIFIC        CATALYST                     OF TALENTS
```

```
   ┌──────────┐ ┌──┐                                         ──── A
   │Intellectual│ ├──┤                                       ──── B
   └──────────┘ ├──┤                                         ──── C
                └──┘          ENVIRONMENT                    ──── D
   ┌──────────┐ ┌──┐                                         ──── E
   │ Creative │ ├──┤     Family            School            ──── F
   └──────────┘ ├──┤        PERSONALITY                      ──── G
                └──┘                                         ──── H
   ┌──────────┐ ┌──┐         Interests                       ──── I
   │  Socio-  │ ├──┤                                         ──── J
   │ emotional│ ├──┤        MOTIVATION                       ──── K
   └──────────┘ └──┘                                         ──── L
                            Attitudes                        ──── M
   ┌──────────┐ ┌──┐           Etc.                          ──── N
   │ Sensori- │ ├──┤                                         ──── O
   │  motor   │ ├──┤      Identification    Etc.             ──── P
   └──────────┘ └──┘          models                         ──── Q
                                                             ──── R
   ┌──────────┐ ┌──┐                                         ──── S
   │ Others...│ ├──┤                                             Etc.
   └──────────┘ └──┘
```

Die grafische Darstellung der Konzeption von „Begabung als Prozess" (Gagnè 1985, S. 109, zit. bei Wild 1991, S. 17) erklärt die Bedeutung der „Catalysts" – dh der personalen Umwelt (Familie, Schule, Identifikationsbilder; die von Mönks artikulierte Geltendmachung der Peers – der „entwicklungsgleichen" Freundschaftsbeziehungen - kann mit Recht dazu genannt werden).

Gagnès Konzeption (Gagnè, F. (1985): Giftedness and Talent. Reexamining a reexamination of the definitions. Gifted Child Quarterly 29, 103 – 112) erklärt Begabung als Prozess.

"Giftedness" betrifft allgemeine grundlegende Fähigkeiten; mit **"ability domains"** sind Entsprechungen zu **Fähigkeiten**.
Sie können sich – je nach dem, wie sie durch die Umwelt (**environment**) wahrgenommen und behandelt werden und welche persönlichen Eigenschaften

(**personalities**) sich dadurch entfalten können - , zu Leistungen (zu **specific talents**) entwickeln.
Entscheidend sind auch Identifikationsmodelle, Beispiele und Vorbilder.
Aus einem Potential (zB: aus hervorragendem Raumvorstellungsvermögen) kann ein hoch entwickeltes Leistungsfeld (zB: faszinierende Konstruktionstechnik) entstehen.

In Anregung dazu besteht die „begabende Fähigkeit", das intellektuelle und sozio-emotionale Talent von Lehrerinnen und Lehrern.
In direktem Zusammenhang mit dem Thema kommt es darauf an, „Begabungsforschung in pädagogischer Intention" zu beschreiben und zu interpretieren, di
- Forschung zur Gestaltung von positiven Lernumwelten und
- Forschung zu persönlichkeitsorientierten Variablen.

Das mehrdimensionale Forschungskonzept des Münchner Hochbegabungsmodells - Kurt A. Heller, Christoph Perleth

Die erweiterte Bezugnahme auf Umwelt- und Persönlichkeitsfaktoren macht (in Forschung und Lehre) auf **nicht-kognitiven Persönlichkeitsmerkmale** aufmerksam wie Selbstkonzept, Stabilität der Denkabläufe, Arbeitsplanung und -organisation, Motivationskontrolle, Aufmerksamkeitssteuerung, Kooperation mit Gleichaltrigen, Erkenntnisstreben, Hoffnung auf Erfolg, Bewältigung von Misserfolgen ...

Merkmalsprofile kreativer SchülerInnen zeigen Tendenzen der Zusammenhänge mit Hochbegabung bei folgenden Aspekten: Selbstkonzept, Motivationskontrolle, Hoffnung auf Erfolg, Erkenntnisstreben.

Das Modell ist nicht nur anschaulich gegliedert, sondern es gibt in prägnanter Form den gegenwärtigen Stand in Forschung und Theorie wieder. Moderne Intelligenzkonzepte wie die von Gardner (1983; 1993) und Sternberg (1999) werden berücksichtigt.

Begabungsschwerpunkte als individuelles Potential können in einem oder mehreren Bereichen liegen. Als Prädiktoren geben sie an, was an besonderer Leistung erwartet werden kann. Allerdings hängt die Realisierung weitgehend ab von einer erfolgreichen Interaktion zwischen den individuellen Begabungen und den Moderatoren innerhalb und außerhalb des Individuums.
Hervorragende Leistungen in den verschiedenen Bereichen können nur dann erreicht werden, wenn der individuelle Schüler nicht nur Leistungsbereitschaft zeigt, sondern sich auch anstrengt. Anstrengungsbereitschaft ist notwendig, um Begabungen in Leistungen umzusetzen.

Das Münchner Hochbegabungsmodell als Beispiel für mehrdimensionale bzw. typologische Begabungskonzepte (Heller, 1998) bezieht die nicht-kognitiven (eher emotionalen) Persönlichkeitsmerkmale in die Begabungsforschung mit ein:

[Diagramm: Münchner Hochbegabungsmodell]

Oben (Nicht-kogn. Persönlichkeitsmerkmale / Moderatoren): Stressbewältigung, Leistungsmotivation, Arbeits-/Lernstrategien, (Prüfungs-)Angst, Kontrollüberzeugungen

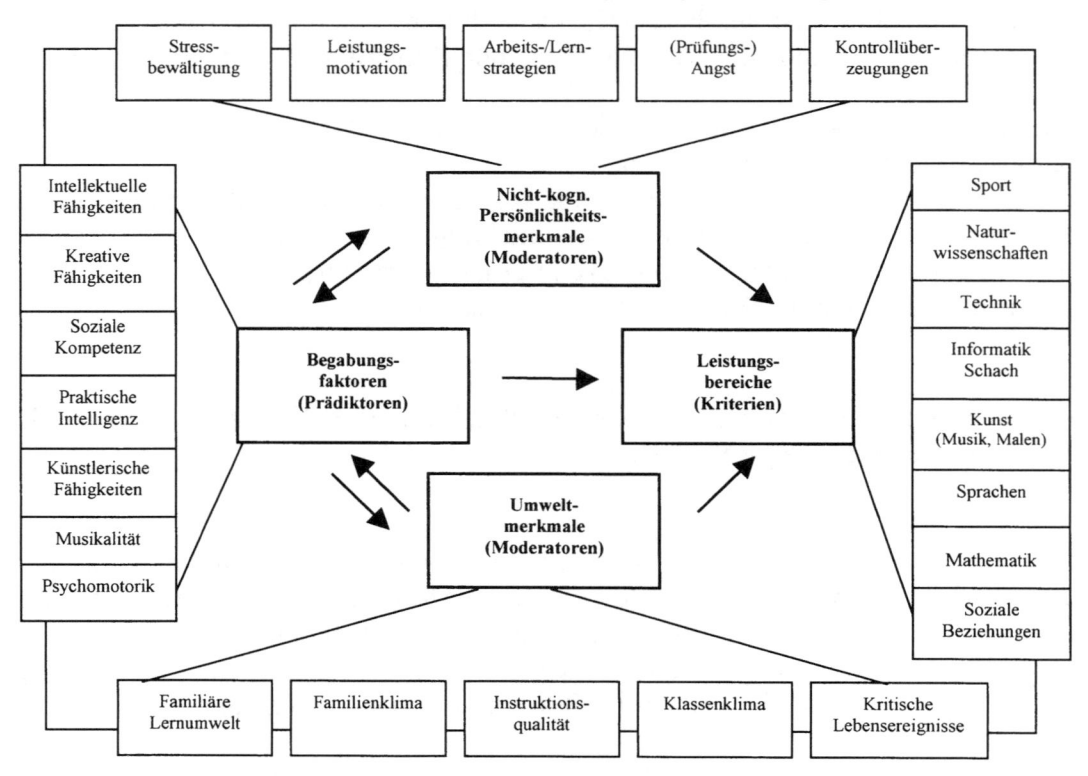

Links (Begabungsfaktoren / Prädiktoren): Intellektuelle Fähigkeiten, Kreative Fähigkeiten, Soziale Kompetenz, Praktische Intelligenz, Künstlerische Fähigkeiten, Musikalität, Psychomotorik

Rechts (Leistungsbereiche / Kriterien): Sport, Naturwissenschaften, Technik, Informatik Schach, Kunst (Musik, Malen), Sprachen, Mathematik, Soziale Beziehungen

Unten (Umweltmerkmale / Moderatoren): Familiäre Lernumwelt, Familienklima, Instruktionsqualität, Klassenklima, Kritische Lebensereignisse

Grafik aus Joswig 2000, S. 23; Bearbeitung: Margarethe Kainig

Erläuterungen zum Münchner Hochbegabungsmodell von Heller:
Klassenklima: Ein hochbegabtes Kind, das in der Klasse integriert ist und Freunde/Freundinnen besitzt, wird seine Begabung in der Hilfe für andere entfalten lernen.
Ein hochbegabtes Kind, das in der Klasse verlacht wird und auch von den Lehrern aufgrund seiner „absonderlichen Interessen" abgelehnt wird, "lernt" seine Begabung zu unterdrücken.
Kritische Lebensereignisse: Begabung kann durch kritische Lebensereignisse provoziert werden, wenn durch sie der Einsatzwille herausgefordert wird. (H. Gardner hat bei den von ihm untersuchten Personen - Einstein, Freud, Picasso, T.S. Eliot, Strawinsky, Martha Graham, Mahatma Gandhi - eine positiv bewältigte „bittere Lebenserfahrung" wahrgenommen, die stimulierend auf die Durchsetzung einer von ihnen als wertvoll erkannten Lebensaufgabe gewirkt hat.
(Wenn Umweltbedingungen jedoch so belastend sind, dass sie nicht bewältigt werden können, lassen sie Kreativität verkümmern).

Nicht kognitive Persönlichkeitsbereiche:
Stressbewältigung : Stress wirkt sich auf verschiedene Persönlichkeiten unterschiedlich aus: die Fähigkeit des Denkens wird angefeuert oder blockiert.
Aufgrund der Untersuchungen Hellers kann angenommen werden, dass Hochbegabte Krisensituationen eher als Herausforderung erleben.
Leistungsmotivation / Erfolgszuversicht: Hochbegabte erweisen sich – zum Unterschied von anderen Menschen - eher zuversichtlich und selbstsicher.
Arbeits- und Lernstrategie: Die Fähigkeit, System und Gliederung in einen zunächst unübersichtlich scheinenden Bereich zu bringen, zeichnet Hochbegabte aus.
Prüfungsangst ist anspornend für die einen, lähmend für die anderen (wie oben!).
Hochbegabte unterscheiden sich in ihrem Selbstkonzept wesentlich von normal begabten Jugendlichen.

2.3.4 Begabung im soziokulturell orientierten Denkansatz ("Systemmodell")

Zur Befassung mit diesem Modell sind zwei Autoren – Howard Gardner und Mihaly Csikszentmihalyi - mit den für diesen Ansatz charakteristischen Studien in ihren Publikationen vorzustellen, wobei die eigentliche Charakteristik dieses Denkansatzes wesentlich im Zusammenhang mit den Ausführungen von Csikszentmihalyi zu erfolgen hat.
> Howard Gardner (1996): So genial wie Einstein. Schlüssel zum kreativen Denken.
> (Creating Minds. An anatomy of creativity seen through the lives of Freud,
> Einstein, Picasso, Stravinsky, Eliot, Graham and Gandhi). Stuttgart: Klett-Cotta.
> und
> Mihaly Csikszentmihalyi (1997/3): Kreativität. Wie Sie das Unmögliche schaffen und Ihre Grenzen überwinden. (Creativity. Flow and the Psychology of Discovery). Stuttgart: Klett-Cotta

Die beiden Autoren thematisieren "Begabung" als "Kreativität". Von besonderer (und jedenfalls bei Csikszentmihalyi von einigermaßen aufregender) Bedeutung ist, dass Begabung und Kreativität in direkter "untrennbarer" Verbindung mit soziokulturellen Gegebenheiten gesehen wird:
Individuelle Kreativität (oder auch individuelle Leistung) ist, so meinen die Autoren, nur dann existent, wenn sie innerhalb eines kulturellen Verständnisses als wertvoll erkannt wurde und in der Gesellschaft Anerkennung gefunden hat; umgekehrt gilt auch ein jeweils in einer bestimmten Epoche existierendes kulturelles Verständnis als Voraussetzung für die Kreativität des Individuums.

Unterschieden werden muss zwischen Gardner und Csikszentmihalyi aber im Hinblick auf den Zugang zur Analyse des Zusammenhanges von Wechselbeziehungen und/oder gegenseitigen Abhängigkeiten zwischen den drei für diese Studien charakteristischen Polen, dem *Individuum*, der Person, die in der Befassung mit einer *Domäne*, also in einem bestimmten Bereich Außergewöhnliches hervorbringt und dem *Feld*, dem Kreis jener Personen, von deren Erkennen und Bewerten die gesellschaftliche Wahrnehmung (und damit das "Sein" oder "Nicht-Sein" der Begabung) abhängt.

Howard Gardner geht vom *Individuum* aus; er untersucht die Biographien von sieben Personen (Freud, Einstein, Picasso, Strawinsky, Eliot, Graham, Gandhi), die er als kreative Denker und als „Meister der Moderne" einschätzt; von denen er sagt, dass sie während des halben Jahrhunderts von 1885 – 1935 in verschiedenen Bereichen ‚Auffassungswelten' verändert haben.
Von diesem Zugang her – vom *Individuum* ausgehend – stellt er die kreative Leistung der Person innerhalb einer *Domäne* bzw. in der Veränderung derselben und die Art der Aufnahme oder Nicht-Aufnahme durch das *Feld* (die Situation im Zusammenhang mit dem Erkennen oder Nicht-Erkennen durch "Experten" dieser Domäne und danach durch die Gesellschaft in der Veränderung ihres kulturellen Bewusstseins) dar.

Auf die Ausführungen Howard Gardners ist in diesem Zusammenhang – der Darstellung des soziokulturellen Ansatzes in der Begabungsdiskussion – hinzuweisen (weil er wie Csikszentmihalyi von der Bezugnahme im "Dreieck" von Individuum, Domäne und Feld ausgeht); seine biographisch orientierten Analysen sind jedoch Studien zur Entfaltung des individuellen kreativen Geistes ("Creating Minds"); sie werden daher in exemplarischer Auswahl im Kapitel über Kreativität behandelt.

Charakteristika zum Denkansatz der Begabungsdiskussion in soziokultureller Orientierung – zum "Systemmodell" – werden im Folgenden an Csikszentmihalyi unter Zitierungen aus dem genannten Buch vorgestellt:

Csikszentmihalyi geht davon aus, dass der Geist einer Kulturepoche entscheidend dafür ist, was als Kreativität wahrgenommen wird und was Kreativität demnach "ist".
Er stellt damit eine Betrachtungsweise vor, die "einigen verrückt vorkommen" (S. 51) wird: dass Kreativität (Begabung) in Abhängigkeit davon, ob sie von den Vertretern einer Domäne und danach gesellschaftlich anerkannt oder nicht anerkannt wird, eben "ist" oder "nicht ist".
Die folgenden Beispiele über Künstler führt der Autor zur Verdeutlichung seines Denkansatzes an:
"Die Kreativität eines Raffael schwankt, weil sich das kunstgeschichtliche Wissen, kunstkritische Theorien und der Kunstgeschmack des Zeitalters wandeln. Nach dem Systemmodell ist es völlig plausibel zu sagen, dass Raffael im 16. und 19. Jahrhundert kreativ war, in den dazwischenliegenden oder nachfolgenden Jahrhunderten dagegen nicht. Raffael ist kreativ, wenn die Gemeinschaft durch sein Werk berührt wird und neue Möglichkeiten in seiner Malerei entdeckt. Aber wenn seine Gemälde den Kunstkennern manieriert oder schablonenhaft vorkommen, kann er nur als großer Zeichner beschrieben werden, als subtiler Kolorist – vielleicht sogar als persönlich

kreativer Mensch - , aber nicht als ein Vertreter 'großer' Kreativität. Wenn Kreativität mehr ist als persönliche Erkenntnis ...., dann kann sie sich im Laufe der Geschichte mehrmals aufbauen, abbauen und neu aufbauen." (S. 50)
"Das Gleiche gilt für die Musik. Bach verschwand für 100 Jahre in der Versenkung, bis er von Mendelssohn wiederentdeckt wurde.
Und "die Leistung von van Gogh" kann man "wesentlich objektiver beschreiben, wenn man sagt, dass seine Kreativität lebendig wurde, als eine ausreichend große Zahl von Kunstexperten den Eindruck gewann, dass seine Gemälde einen wichtigen Beitrag zur Kunstdomäne darstellten. Ohne diese ... wäre van Gogh geblieben, was er (Anmerkung Oswald: auch) war – ein kranker Mann, der seltsame Bilder malte."(S. 51)

Im Kapitel mit der Überschrift "Wo ist Kreativität?" (S. 41 – 72) führt Csikszentmihalyi aus, wie seiner Auffassung nach Kreativität in drei unterschiedlichen Phänomenen zu bewerten ist:
Personen werden genannt, die ungewöhnliche Ideen äußern; diese Ideen erscheinen als interessant, anregend und klug. Wenn diese Ideen nicht auch etwas von bleibendem Wert erschaffen, so möchte er sie als brillant - nicht als kreativ – bezeichnen.
In ähnlicher Weise sind Personen zu benennen, die die Welt auf ungewöhnliche und originelle Weise erleben und neue Perspektiven entwickeln. Wenn nur sie davon wissen und das nur für ihr Leben Bedeutung hat, dann gelten sie dem Autor als bloß persönlich kreativ.
Personen, die die Menschheitskultur auf einem wichtigen Gebiet verändert haben – das beinhaltet im Wortsinn und in der Realität auch die allgemeine Anerkennung – sind im Sinn der Interpretationen ohne Einschränkung als kreativ zu bezeichnen.

Kreativität ist "nicht ausschließlich in den Köpfen einzelner Menschen" (S. 46), wenn eine Idee Wirkung zeigen soll, "muss sie in Begriffe gekleidet werden, die für andere verständlich sind; sie muss von den Experten im Feld anerkannt und schließlich in ihre jeweilige kulturelle Domäne aufgenommen werden. Deshalb geht meine Frage nicht dahin, was Kreativität ist, sondern wo sie in Erscheinung tritt." (S. 47

Kreativität findet nach Csikszentmihalyi dann statt, wenn ein Mensch, der mit den Symbolen einerbestehenden Domäne wie Musik, Technik, Wirtschaft, Mathematik arbeitet, eine neue Idee entwickelt und wenn diese Neuentwicklung von dem entsprechenden Feld ausgewählt und in die relevante Domäne aufgenommen und zu einem festen Bestandteil dieser Domäne wird.

"Die vielleicht wichtigste Implikation des Systemmodells besteht in der Erkenntnis, dass der Grad der Kreativität nicht nur vom Ausmaß des individuellen kreativen Denkens oder Handelns abhängig ist, sondern auch davon, wie gut die jeweiligen Domänen und Felder darauf abgestimmt sind, neue Ideen anzuerkennen und zu verbreiten." (S. 52)

Csikszentmihalyi argumentiert, dass selbst Genies als Begabte und als Begabungen nicht existent gewesen wären, wenn sie nicht eine Gesellschaft vorgefunden hätten, die ihr Schöpfertum wahrgenommen und anerkannt hätte, dass sich viele Begabungen nicht entwickelt hätten, wenn das Feld mit der Erkenntnis nicht vorhanden gewesen wäre, wenn er meint, dass es eine große Anzahl von Begabungen gibt, die nie zum Vorschein gekommen sind, weil kein Feld für deren Entfaltung vorhanden war .....

Er leitet daraus eine Konsequenz ab, die gleichermaßen anspruchsvoll wie auch – in seinem eigenen Modell – widersprüchlich erscheint:
Die Experten einer/jeder Domäne (sozusagen die Vertreter einer/jeder Disziplin und eines jeden menschlichen Arbeitsbereiches) müssten befähigt sein (oder dazu befähigt werden), unter zahllosen neuen Ideen, Anregungen, Argumenten und Vorschlägen die wertvollen zu erkennen und Wege für deren Geltendmachung in der Gesellschaft zu finden und durchzusetzen.
Der hohe Anspruch artikuliert sich in der Annahme, dass jemand erkennen können soll; der Widerspruch zu den Thesen von Csikszentmihalyi ist darin zu sehen, dass ein "Erkennen" von Kreativität wohl erst wieder vom kreativen Geist eines Individuums ausgehen muss....
Csikszentmihalyi im 'Originalton': „Intelligence is the ability to solve problems or to create products that are valued within one or more cultural settings."

Für den kreativen pädagogischen Geist könnte der Appell, offen für Ideen, Anregungen, Argumente und Vorschläge zu sein, möglicherweise doch plausibel gemacht und in dieser Weise übersetzt werden:
Was im gesellschaftlichen Bereich das "*Feld*" (Personen, die Kreativität erkennen und verwerten sollen) als Voraussetzung für das "Zur-Welt-Kommen" von Begabungen ist, das ist für den schulischen Bereich die Person *des Lehrers/der Lehrerin*. Ihre Befähigung zur Identifikation von Begabungen ist in diesem Sinn von "existenzieller" Bedeutung für begabte Kinder und Jugendliche.

2.3.5 Konzepte, die das Kriterium der Lernfähigkeit (knowledge acquisition) zum Gegenstand der Forschung erheben

Lerntestkonzepte (Guthke) - Erkundungen zur Bedeutung der Beobachtungen im Lernprozess und Untersuchungen zur Wirkung der nichtkognitiven Persönlichkeitsvariablen (Perleth & Sierwald) - Erkundung zur Bedeutung des Selbstwertgefühls und der sozialen Befindlichkeit.

Lehrer können gute Beobachter von Lernprozessen und qualifizierte Beurteiler von „Aneignungsfähigkeit" sein; das Lerntestkonzept Guthkes ist für sie in diesem Sinn von Bedeutung für die Begabungsidentifikation.

In seinen Aufsatz „Lerntests auch für Hochbegabte?" zitiert **Guthke** (1992) mit Bezug auf Sternbergs bereits Mitte der Achtzigerjahre erschienenes Buch mit dem Aufsehen erregenden Titel „Beyond IQ" (1985) dessen Aussage, dass für die Intelligenzdiagnostik die Erkundung der „Aneignungsfähigkeit" wichtiger sei als die Feststellung bloßer Wissensunterschiede.

Die Aussage lenkt die Aufmerksamkeit auf den Lernaspekt als Kriterium der Begabungsidentifikation.

Der Lernaspekt bleibt bei Tests üblicherweise - als Momentaufnahmen - unbeachtet; ein Verborgenbleiben bzw. ein Nicht-Erkennen von Begabungen ist dadurch möglich. Es gibt Beispiele von (später entdeckten) hoch begabten Kindern, deren Leistungen im Test einfach deswegen schlechter erschienen, weil sie angesichts schwieriger Problemstellungen länger über mögliche Lösungen nachdachten und mehr Zeit auf das Erkennen der Fragen verwendeten und am Ende weniger richtige Ergebnisse vorweisen konnten. (Die „Entdeckung der Langsamkeit" wäre übrigens mit Sten Nadolnys Erzählung über den Seefahrer Franklin anschaulich zu belegen.)

Guthke meint dazu, dass man bei der Hochbegabtendiagnostik „nicht nur auf die 'testintelligenten' Schüler achten" solle, sondern „auch auf grüblerische, besonders selbstkritische, manchmal vielleicht sogar zunächst langsam wirkende Denker". „Lerntests", so folgert er, „geben gerade psychisch labileren, ängstlicheren und stresssensiblen Hochbegabten eine Chance" (Guthke, 1992, S. 134)

Als einigermaßen erstaunlich muss das Übersehen des Lernaspekts im herkömmlichen Testverfahren deswegen bezeichnet werden, weil klassische Definitionen zur Hochbegabungsdiagnostik ohnehin deutlich darauf hinweisen, dass der Prozess der Wissensaneignung - nicht nur des Wissensstandes - zu beobachten wäre, wenn man echten Aufschluss über ein Talent gewinnen möchte.

So definiert z.B. Thorndike (1924) „Intelligenz als die Fähigkeit zum Lernen". Heinrich Roth betont in dem bereits zitierten Buch „Begabung und Lernen" (1969), dass „die konventionellen Intelligenztests wenig geeignete Begabungsindikatoren seien, das sie immer nur Anfangsleistungen erfassen" könnten; er folgert weiter: „Der Ausgangs- und Richtpunkt für alle Aussagen über Begabung sollten also offenliegende und nachprüfbare Lernleistungen und der Zuwachs an Lernleistungen sein." (vgl. Guthke, 1992, S. 128)

Die Beobachtung der Kinder beim Lernen erscheint in neuen Untersuchungen als unabdingbares Element der Begabungsidentifikation; die Hereinnahme von Lernverlaufsanalysen zur Hochbegabtendiagnostik ist unabdingbar.

Für die Bewertung von Lehrerurteilen im Rahmen der Begabungsidentifikation wird die Bezugnahme auf Lerntests nun insofern von Bedeutung als eine nach entsprechender Befassung mit Kriterien der Identifikation und Beobachtung der Kinder durchgeführte Erhebung von Lehrerseite im Sinne eines Screenings verwendet wird (Heller & Hany, In: Guthke, 1992).

Die Autoren nennen Faktoren der Begabung, die eher nur in Prozessen der Beobachtung von „**Aneignungsfähigkeit**" (Sternbergs „**knowledge acquisition**") in Erfahrung gebracht werden können: Erkenntnisstreben, Ausdauer, Kreativität. Lehrer sind Personen, die dafür geeignet sind oder durch entsprechende Ausbildung oder Fortbildung dazu befähigt werden können, gute Beobachter und Beurteiler dieser Fähigkeit zu sein.

Im Zusammenhang dieser Überlegungen gewinnen Untersuchungen über „die Rolle nicht-kognitiver Persönlichkeitsmerkmale für die Begabungs- und Leistungsentwicklung" (Perleth & Sierwald, In: Heller, 1992) besondere Bedeutung.

In der genannten Untersuchung geht es unter anderem um die Auswirkung der folgenden nicht-kognitiven Persönlichkeitsmerkmale auf das Erscheinungsbild der Begabung: Angst, Selbstkonzept, Stabilität der Denkabläufe, Arbeitsplanung und -organisation, Motivationskontrolle, Aufmerksamkeitssteuerung, Kooperation mit Gleichaltrigen, Erkenntnisstreben, Hoffnung auf Erfolg, Furcht vor Misserfolg ...

Dabei zeigen z.B. die Merkmalsprofile kreativer SchülerInnen Tendenzen der Zusammenhänge mit Hochbegabung bei folgenden Aspekten: Selbstkonzept, Motivationskontrolle, Hoffnung auf Erfolg, Erkenntnisstreben.

Für das „begabende Verhalten" kann daraus jedenfalls mit einiger Berechtigung der Schluss gezogen werden, dass eine Bestärkung dieser Faktoren - durch Zuwendung, Aufmerksamkeit, Anerkennung, Hilfe und Herausforderung beim Lernen, Zusicherung eines Erfolgserlebnisses - als kreativer Impuls gewertet werden darf.

Die zitierte Untersuchung bringt zusätzlich den Hinweis, dass die Bedeutung der genannten Persönlichkeitsfaktoren in schwierigen Situation der Entwicklung oder der Phasen des Lebensverlaufs größer ist als die der (nachweislich vorhandenen) Intelligenz.

Wenn z. B. der Schuleintritt nun zwar nicht als problematische Lebensphase bezeichnet werden kann, so ist doch der Bezug auf die Anspannung und auf das Gefühl der Unsicherheit angesichts der für das Kind ganz neuen Situation ein konkreter Anlass, um hier eine Parallele zumindest andeutungsweise zu sehen:

Begabungen können durch Bestärkung und Beachtung der Persönlichkeit des Kindes eher entfaltet werden.

Begabungsförderung beginnt mit der Kunst des Begabens, mit der durch die Lehrerpersönlichkeit gestalteten „begabungsfreundlichen Lernkultur".

Der Denkansatz Guthkes richtet sich auf die **Aneignungsfähigkeit** von Kindern und Jugendlichen, auf Lernbereitschaft, Ausdauer, Konzentrationsfähigkeit Organisationskompetenz (sich Übersicht verschaffen können).

Das stellt die Grundlage für die so genannte **QI- Forschung** dar, für die **Qualität der Informationsverarbeitung.**

Nach diesem Modell ist daher eine **Dynamisierung** dessen, was wir „Begabung" nennen, vorgestellt:
Die **Aneignungsfähigkeit** formuliert Sternberg zu dieser Auffassung provokant: *„Beyond IQ".*

Intelligenz ist nach dieser Auffassung die Fähigkeit, **neu Erlerntes zu begreifen; neue Informationen zu verarbeiten** und in einen Zusammenhang mit dem bisher Gelernten bringen zu können.

(Diese Aneignungsfähigkeit ist eines der Aufnahmekriterien für die Schule für Hoch begabte an der Jungenddorf-Christopherus-Schule in Braunschweig.
Diese Schule begnügt sich nicht mit einem Intelligenztest, sondern veranstaltet Aufnahmetage, in denen in mehreren Testverfahren unter anderem auch die Teamfähigkeit der Kinder und Jugendlichen beobachtet wird.
Die Aneignungsfähigkeit der Schüler wird überprüft, indem man ihr Lernverhalten bei einem ihnen völlig neuen Sachverhalt beobachtet; in diesem Fall lernen sie Koreanisch - unter der Annahme, dass diese Sprache für alle neu ist).

3 Kreativität - die „schöpferische Fähigkeit" des Menschen

> "Bei einem Denker sollte man nicht fragen:
> Welchen Standpunkt nimmt er ein? sondern:
> Wie viele Standpunkte nimmt er ein?
> Mit anderen Worten: Hat er einen geräumigen Denkapparat
> oder leidet er an Platzmangel, das heißt: an einem 'System'?"
> (Egon Friedell 1985, S. 7)

Wage es, Grenzen zu überschreiten!
Die Lösung eines Problems eröffnet sich im Überschreiten von scheinbar gegebenen Grenzen!
Das folgende "Experiment" bringt dazu eine sehr einfach nachvollziehbare Erfahrung:
Es wird zunächst nur die erste Abbildung gezeichnet oder gezeigt; und die Teilnehmer erhalten die Anweisung: Bitte, verbinden Sie diese neun Punkt mit vier Geraden in einem Zug!
Die meisten Probanden kurven umher. "Mit fünf geraden ginge es, aber mit bloß vier, das ist unmöglich!" heißt es bald.
Die vorgezeigte Lösung überrascht: "Ja, wenn ich das gewusst hätte ..., dass man hinausfahren darf ..." Das war doch gar nicht untersagt gewesen! Aber viele "sehen" mit der "Figur" der neun Punkte "auch" ein Quadrat und sind nun "darin befangen" – in der Meinung, nicht über diese scheinbar gegeben Grenze "hinausfahren" zu dürfen.
Die Lösung besteht im Wagnis des Überschreitens von vermeintlich vorgegebenen Normen!

Die Lösung bedarf des Mutes: zum Überschreiten der (scheinbar gegebenen) Grenzen!
Jede Erfindung und jede Entdeckung ist im Wagnis ungewöhnlichen Denkens, des Denkens in ungewohnten Bahnen, "kreiert" worden ....

3.1 Assoziationen zu einem Begriffsverständnis von Kreativität

Wort und Begriff "Kreativität" gelten allgemein als Bezeichnung für die "schöpferische Fähigkeit" des Menschen.
Eine solche Aussage wird oft gleichsam als "selbstverständlich" zur Kenntnis genommen und enthält doch die ganze rätselhafte Unfassbarkeit dessen, was damit gemeint ist.
Einer Idee, einer Handlung, einer gestaltenden Maßnahme eine 'schöpferische Fähigkeit' als Ursache zu attribuieren bedeutet, zum Ausdruck zu bringen, dass das Finden dieser Idee oder Handlung oder gestaltenden Maßnahme schlichtweg unerklärbar, nicht genau zu bestimmbar und schon gar nicht zu messbar ist.

Statt der Aussage, etwas sei "unerklärbar" verwenden wir im Allgemeinen die Worte, es sei unfassbar, kaum nachvollziehbar, faszinierend .....
Wir bewundern kreative Ideen, kreative Sprachschöpfungen (z.B. bei Johann Nestroy oder in den Gedichten von Christian Morgenstern), geniale Kombinationen, technische Erfindungen, künstlerische Schöpfungen – und wissen, dass sie etwas von menschlichen Fähigkeiten erahnen lassen, für die wir zurecht das Wort "außergewöhnlich" – im vollen Umfang dessen, was das bedeutet – verwenden.

Kreativität lässt sich nicht definieren; wenn wir sie "bestimmen" wollten, dann wäre das, was wir bestimmen, schon nicht mehr das "Außergewöhnliche".
Wir können uns nur beschreibend dem annähern, was wir als Gegebenheiten dafür nennen möchten, was solchen Fähigkeiten zugrunde liegen könnte. "Phantasie", "Originalität", "Einfallsfülle" ... sind bloß Behelfsbegriffe, Annäherungen an das jedem Sinn von 'Definition' widerstrebende Phänomen.

Die Annäherung an das Phänomen der Kreativität kann in befreiender Weise dann erfolgen, wenn es gelingt, den Vorgang des (spontanen) Findens einer Problemlösung unvoreingenommen zu beschreiben und erfahrbar zu vermitteln.

Etwas, woran wir "nicht im Traum gedacht" hätten, fällt uns (vielleicht im Traum, aber auch im Wachsein, mitten unter einer ganz anderen Situation) ein: als Lösung eines Problems, als wirklich gute Idee, als "neue", bisher nicht in Erwägung gezogene Möglichkeit ...

Zum Wagnis, kreative Einfälle zu äußern (sie sind manchmal so ungewöhnlich, dass sie nicht gleich verstanden werden können), bedarf es der kreativen Potentiale: Selbstsicherheit, Selbstvertrauen, Freiheit im Bewusstsein, Freiheit von Angst (vor anderen, vor dem Nicht-verstanden-Werden oder Ausgelacht-Werden), Geduld, Toleranz, Dialogbereitschaft, Fähigkeit zum Erklären des (eruptiv geborenen) Gedankens - d.i.: Vorstellung bzw. rasches Begreifen und Verstehen der Denkmuster des/der anderen, um den "Eingang" zu finden.

Kreativität entzieht sich dem empirischen Forscherdrang des Messens ihrer Quantität oder Qualität unter kontrollierten Bedingungen: Was ich unter planbaren Bedingungen kontrollieren kann, ist nicht mehr außergewöhnlich!

Kreativitätstests messen daher Effekte (immerhin!) des schöpferischen Vermögens, auch Anlässe seiner Herausforderung; das eigentliche kreative Potential ist nicht fassbar, es äußert sich spontan.

Kreative Hervorbringungen scheinen am besten zu gedeihen, wenn in der Faszination von einer großen Aufgabe ein starkes Bewusstsein der Gemeinschaft mit der Umwelt - emotionale Sicherheit - existiert; das ist eine Situation der "hohen Stimmung" (Hochbestimmung, das "flow"-Erlebnis nachCsikszentmihalyi – ein "Außer-sich-Sein" des Menschen). Es scheint bisweilen im großen Geschehen ebenso zu sein: Es gibt Blütezeiten (bzw. Ballungen) von Hochleistungen in der Kulturentwicklung der Völker

Für die Wissenschaft ist Kreativität ein heikles Kapitel, denn um etwas empirisch untersuchen zu können, muss man es unter sogenannten kontrollierten Bedingungen studieren können. Das heißt, ich muss auf Abruf und noch dazu wiederholt auf Abruf bestellen können. Kreativität als "schöpferische Fähigkeit" entzieht sich dem.

Es gibt wohl Tests, die Kreativität oder, besser gesagt, "eine Neigung zur Kreativität" qualifizieren; ihre Durchführung kann sehr oft eher als Anregung denn als Ergebnis gelten.

" Was wir als kreativ erachten, kann großen Variationen unterworfen sein: ein neuer Lösungsweg für ein logisches Problem, ein neues Werkzeug, ein neuer chemischer Prozess, eine musikalische Komposition, ein Gedicht oder ein Roman, ein Gemälde, eine neue Denkmöglichkeit in der Jurisprudenz, der Philosophie oder Religion, eine neue Betrachtungsweise eines sozialen Problems, Diagnose- und Behandlungsmöglichkeiten für ein Krankheit. Kreatives Vorgehen ist originell, zweckdienlich, zutreffend und auf irgendeine Weise elegant oder einfach richtig. "
(Gage & Berliner, 1986, S. 191)

Kreativität kann zwar nicht gelernt werden (schon gar nicht im engen Sinn von "eingetrichtert werden"), wohl aber angeregt werden - im Sinne des Wortes "angeregt werden": "in Bewegung, in Aktivität gebracht werden (wenn etwas da ist, das sich in Bewegung bringen lässt). Diese beglückende Möglichkeit ist aus Übungen und Experimenten - auch aus manchen Lehrsituationen, auch aus solchen in der Schule! - nachweisbar.

Derartiges hängt irgendwie zusammen mit Freude, Freiheit, Freundlichkeit; weniger mit dem, was ein angestrengtes Kreativitäts"training" antrainieren möchte!

So fasst Erika Landau (1990, S. 47-50) ihr Verständnis einer kreativen Einstellung zur Erziehung zu einem "Credo einer kreativen Erziehungsphilosophie" zusammen:
- Individualität statt Konformismus
- Vom Bekannten zum Unbekannten
- Freude am Prozess und nicht nur Leistung
- Fragen statt Antworten lehren
- Interdisziplinäres und nicht kategorisches Denken
- Orientierung an der Zukunft statt an der Vergangenheit
- Lernen durch Spiel
- Soziales und nicht nur individuelles Denken

Es ist – bei aller Wahrung von Offenheit de Annäherung an den Begriff Kreativität - Kennzeichen kreativen Denkens und Handelns zur Diskussion zu stellen.

In diesem Sinn hat Klaus Urban ein Komponentenmodell der Kreativität zu erstellen versucht (Urban 1992, S. 205). Es wird im Folgenden in einer (von Gerhard Hager bearbeiteten) vereinfachten Form wiedergegeben

Bei dieser Darstellung geht es nicht um eine (statische) Aufzählung von Merkmalen, sondern um das, was für "den kreativen Prozess und die kreative Person substantiell .. ist": die "Balance der Gegensätze" (vgl. dazu Csikszentmihalyis Charakteristik kreativer Menschen "auf beiden Seiten der Polarität", die in diesem Abschnitt inKurzfassung wiedergegeben wird; Csikszentmihalyi 1997, S. 86 ff).

Das Modell will das "interaktionale oder besser dialektische Prinzip" in der Gegenüberstellung von Dimensionen als "Balance der Gegensätze" (Urban 1992, w.o.) darstellen:

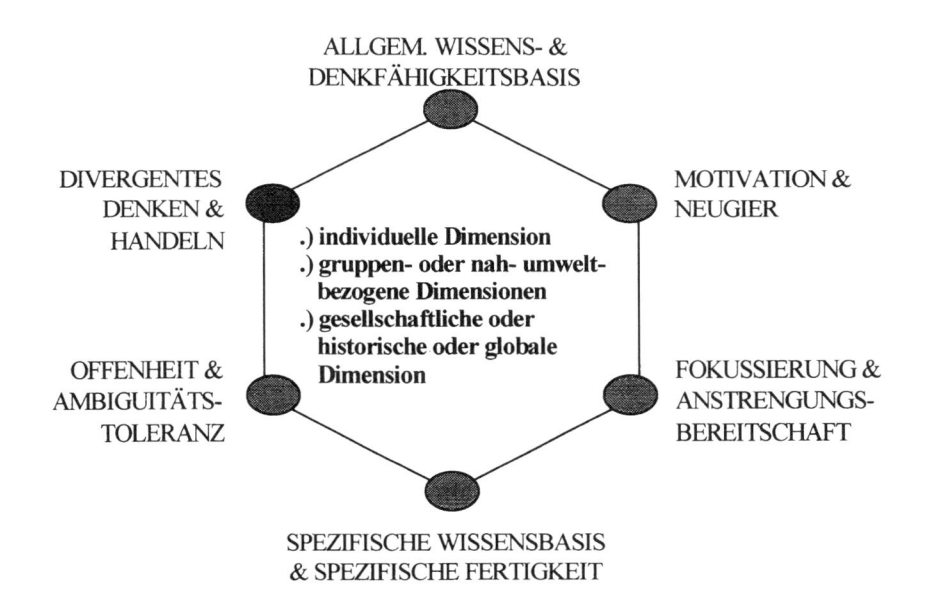

ALLGEM. WISSENS- & DENKFÄHIGKEITSBASIS

DIVERGENTES DENKEN & HANDELN

MOTIVATION & NEUGIER

.) individuelle Dimension
.) gruppen- oder nah- umwelt- bezogene Dimensionen
.) gesellschaftliche oder historische oder globale Dimension

OFFENHEIT & AMBIGUITÄTS- TOLERANZ

FOKUSSIERUNG & ANSTRENGUNGS- BEREITSCHAFT

SPEZIFISCHE WISSENSBASIS & SPEZIFISCHE FERTIGKEIT

Das Komponentenmodell der Kreativität nennt Dimensionen, die zur Beschreibung der Phänomene schöpferischer Leistungen dienen können; eine Definition – im Sinne einer „Feststellung" – wird damit nicht gegeben, das Außergewöhnliche ist nicht „festzulegen".

Urban umschreibt in seinen Erörterungen dazu in folgender Weise (Urban 1992, S. 203):
"Kreativität zeigt ich in einem neuen, überraschenden, auch für andere neuen Sinn stiftenden Produkt. Kreativität ist von da her die Fähigkeit, ein neues, ungewöhnliches und überraschendes Produkt als Lösung eines sensitiv wahrgenommenen oder gegebenen Phänomens, zu schaffen, und zwar auf der Grundlage einer sensiblen und breit umfassenden Wahrnehmung vorhandener aber gezielt gesuchter und erarbeiteter Informationen."

Es ist also wichtig, darauf hinzuweisen, dass kreative Leistungen aus dem Vorhandensein einer (allgemeine und speziellen) Wissensbasis "schöpfen"!
Kreative Leistungen entstehen nicht aus Nicht(s)wissen!

Damit ist die Frage nach dem Zusammenhang und zugleich der Differenz von Intelligenz und Kreativität gestellt.
Wallach & Kogan haben hiezu in einer Vierfelder-Darstellung den Zusammenhang und die Differenzierung von Intelligenz und Kreativität in Orientierung auf das Schul-Erleben von Kindern dargestellt.
Inwieweit daraus mehr allgemeine Charakteristika für Menschen in der einen oder anderen Schwerpunktsetzung gelten können, darf diskutiert werden.

Wallach und *Kogan (zit. bei Gage & Berliner)* vermitteln sie Zusammenhänge und Differenzen in den ihrer Ansicht nach auffindbaren vier Kombinationsmöglichkeiten (von hoher oder niedriger Ausprägung von Intelligenz und Kreativität), die das Lernen in der Schule beeinflussen:

"Kinder mit hoher Kreativität und hoher Intelligenz haben die Möglichkeit, ihre Selbstkontrolle und die Freizügigkeit, die sie sich erlauben, zu variieren.
Kinder mit hoher Kreativität und niederer Intelligenz erleben einen ärgerlichen Konflikt mit ihrer Schule und häufig mit sich selbst. Sie fühlen sich unzulänglich und wertlos. Unter belastungsfreien Bedingungen können sie die besten Leistungen erzielen.
Kinder mit niederer Kreativität und hoher Intelligenz streben zwanghaft nach schulischer Leistung. Sie sind gezwungen, das, was traditionell als hervorragende Leistung in der Schule angesehen wird, anzustreben, und sie leiden sehr unter Misserfolgen" (zit. Gage & Berliner 1986, S. 191)

	KREATIVITÄT	
	niedrig	hoch
INTELLIGENZ hoch	Streben nach schulischen Leistungen zwanghaft Leiden unter Mißerfolg	Selbständiges Verfügen über Freiheit und Selbstkontrolle
INTELLIGENZ niedrig	Abwehrhaltung Schulumwelt wird als verwirrend erlebt	Konflikt in der Schule Beste Leistungen bei belastungsfreiem Lernen

MIT EINER SOLCHEN DARSTELLUNG SIND AUCH BEFINDLICHKEITEN UND INDIVIDUELLE ERLEBNISSITUATIONEN ZUM AUSDRUCK GEBRACHT.
DIE PSYCHISCHE UND SOZIALE SITUATION VON BEGABTEN KINDERN UND JUGENDLICHEN IN DER SCHULE – IN KLASSENGEMEINSCHAFTEN – IST ZU ERÖRTERN

3.2 "Creating Minds" – Howard Gardners Studien zur Entfaltung von Kreativität

Mit Bezug auf die Charakteristik des Denkansatzes zur Begabung in soziokultureller Orientierung wurden im vorangegangenen Kapitel zwei Autoren – Howard Gardner und Mihaly Csikszentmihalyi - mit den für diesen Ansatz typischen Studien vorgestellt.

Individuelle Kreativität (oder auch individuelle Leistung) ist auch nach Auffassung Gardners nur dann existent, wenn sie innerhalb eines kulturellen Verständnisses als wertvoll erkannt wurde und in der Gesellschaft Anerkennung gefunden hat; umgekehrt gilt auch das jeweilige kulturelle Verständnis als Voraussetzung für die Kreativität des Individuums.

Unterschiedlich ist – so wurde bereits nachgewiesen - bei Gardner und Csikszentmihalyi der Zugang zur Analyse des Zusammenhanges von Wechselbeziehungen und/oder gegenseitigen Abhängigkeiten zwischen den drei für diese Studien charakteristischen Polen, dem *Individuum*, der Person, die in der Befassung mit einer *Domäne*, also in einem bestimmten Bereich Außergewöhnliches hervorbringt und dem *Feld*, dem Kreis jener Personen, von deren Erkennen und Bewerten die gesellschaftliche Wahrnehmung (und damit das "Sein" oder "Nicht-Sein" der Begabung) abhängt.

Howard Gardner geht vom Individuum aus; er untersucht die Biographien von sieben Personen, die er als kreative Denker und als „Meister der Moderne" einschätzt; von denen er sagt, dass sie während des halben Jahrhunderts von 1885 – 1935 in verschiedenen Bereichen ‚Auffassungswelten' verändert haben:
Sigmund Freud - Begründer der Psychoanalyse
Albert Einstein - Entdecker/Begründer der Relativitätstheorie
Pablo Picasso - Schöpfer eines neuen Ausdrucks in der Malkunst, des Kubismus
Igor Strawinsky - Initiator neuer Musik, Meister des Balletts
T. S. (Thomas Stearns) Eliot - Erneuerer der lyrischen Dichtung
Martha Graham - Schöpferin neuer Ausdruckskunst im Tanz
Mahatma Gandhi - Begründer des gewaltlosen Widerstandes in der politischen Realität

Gardner will „sieben verschiedene kreative Erfolge darstellen"; sein Vorhaben ist darauf gerichtet,
- Entwicklungsmuster mit aufschlussreichen Übereinstimmungen und instruktiven Unterschieden zu suchen
- Einsicht in den kreativen Prozess, in Grundlagen menschlicher Kreativität, zu gewinnen und
- Aufschluss über die Zeit zu gewinnen, in der diese Neuformulierungen von Domänen stattfinden konnten

In diesen sieben biographischen Studien untersucht er
- die Beziehung zwischen Kind und Meister, zwischen der Welt des über sich selbst und seine Begabung nicht Bescheid wissenden Kindes und der des selbstbewussten Meisters,
- die Beziehung zwischen dem Individuum und der Arbeit, in der es sich engagiert und
- die Beziehung zwischen dem Individuum und der Mitwelt.

Gardner führt dazu die folgenden Methoden der Kreativitätsforschung an:

Mit Joy Paul Guilford (1897 – 1987) begann in den 50er Jahren des 20. Jahrhunderts die eigentliche Kreativitätsforschung: Er ging davon aus, dass schöpferisches Denken nicht mit Intelligenz identisch ist.
Guilfords Kreativitätskonzept orientiert sich am Begriff des divergenten Denkens.
Die kreative Person hat auf Herausforderungen ein Spektrum verschiedener Antworten zur Verfügung, von denen einige bei keiner anderen Person vorkommen.
Kreativitätstests entsprechen dem Kriterium der Zuverlässigkeit/Reliabilität, nicht dem der Gültigkeit/Validität; d.h.: hohe Werte im Kreativitätstest sind keine Garantie dafür, dass die betreffende Person im Leben bzw. im Beruf neue Entwicklungen einleitet.

Kognitionswissenschafter üben Kritik an den zur Kreativitätsmessung verwendeten Aufgaben.
Sie fordern u.a. eine computerunterstützte Erforschung des Verlaufszusammenhanges wissenschaftlichen Problemlösungsverhaltens, d.h. des Gesamtprozesses, der über kreative Denkprozesse zu neuartigen Lösungen führt.
Die Konzentration der Forschung auf die Analyse von Beispielfällen schöpferischer Lebensgestaltungen wird für entsprechend gehalten, da Kreativität nicht im Voraus bestimmt werden kann, wohl aber im Nachvollzug wahrnehmbar ist.

Howard Gardner definiert seinen Forschungsansatz im Zusammenhang mit der Methode der „evolving systems" von Howard Gruber, nach der die intellektuelle Leistung einer Person, ihre Zielsetzungen und affektiven Erfahrungen auf einem bestimmten Gebiet, simultan erhoben werden.
Nach dem persönlichkeits- und motivationsorientierten Ansatz werden charakteristische Eigenschaften von Personen untersucht. Forschungen des Berkeley Institute of Personality ergaben folgende Persönlichkeitsmerkmale ideenreicher Architekten (als Beispiel – auf Menschen in anderen Berufen „übersetzbar"):
Selbstvertrauen, Unabhängigkeit, unkonventionelles Vorgehen, Scharfsinn, Sensibilität für unbewusst ablaufende Prozesse.
Die Sozialpsychologin Teresa Amabile hat in Experimenten ebenfalls die Bedeutung der Selbstmotiviertheit nachgewiesen: Betätigung um nichts als um des puren Vergnügens – mit sich selbst !! - willen führt häufiger zu kreativen Problemlösungen.
Mihaly Csikszentmihalyi beschreibt das Erlebnis kreativen Schaffens als vollständiges Aufgehen im Gegenstand des Interesses – als „flow-Erlebnis". Die „flow-Erfahrung" ist beglückend; sie wird - selbst um den Preis von Anstrengung und Entsagung – immer wieder angestrebt.
Der historiometrische Ansatz des Psychologen Dean Keith Simonton ist dem Vorgehen bei Howard Gruber ähnlich; Simonton benutzt eine möglichst umfangreiche Datenbasis zur exakten Hintergrundinformation.
Howard Gardner versteht seine Vorgangsweise in einer Kombination der Methoden Grubers und Simontons, der Verbindung von Kognitionstheorie und historiometrischer Methode.

Der systematische Aufbau der Studien Howard Gardners richtet sich auf folgende Momente: Entwicklung und Interaktion, Asynchronien im Leben und auf die besondere Eigenheit des Eingehens von Personen in einen "faustischen Handel" (mit sich selbst zugunsten der Durchsetzung ihrer Neuerung einer Domäne):

(1) Blickpunkt Entwicklung:
Die Art und Weise, wie die frühen Jahre erlebt werden, ist entscheidend – frei sein und der Neugier folgen können ....oder .....
Das Initialerlebnis („Kristallisationserfahrung" nach Feldmann) – die erste Faszination – ist im Entwicklungsprozess oft genau bestimmbar.

Die Zehn-Jahres-Phase – eine Zeit der intensiven Befassung, nach der ein entscheidender Durchbruch gelingt – ist aus Biographien erkennbar.

(2) Blickpunkt Interaktion: Wechselwirkung zwischen Individuum, Domäne und Feld
In der Frage „Wo findet Kreativität statt ?" schließt Gardner an die soziologisch orientierte Theorie von Csikszentmihalyi - der Konvergenz von drei Ebenen - an:

- (1) die personale/persönliche Ebene: Fähigkeiten und „schwache Seiten" einer Person,
  Motivation für Neues, Durchsetzungsfähigkeit, Kind-Eltern-Beziehung, Freunde, Höhen und Tiefen im Schaffensverlauf
- (2) die Ebene der Domäne: Untersuchung der Symbolsysteme, mit denen gearbeitet wird,
  Paradigmen in diesem Bereich
- (3) die Ebene des Feldes: Beziehungen zu Mentoren, Anhängern und Rivalen, Art der
  Auseinandersetzung

(3) Die fruchtbare Asynchronie: Ein mittleres Maß an Spannung zwischen dem Individuum und dem Feld kann motivierend sein und den Durchsetzungswillen steigern.

(4) Der faustische Handel: Gardner versteht darunter eine Art Handel oder Wette mit sich selbst, um sich den dauernden Erhalt der Begabung gleichsam zu sichern – das Opfer einer Askese oder einer freiwilligen Isolation

Das Exemplarium 1 der Gardner'schen Studien: Sigmund Freud (1856 – 1939)

Howard Gardner überschreibt jede seiner sieben biographischen Studien mit einem Attribut zum Namen – hier lautet der Titel: *„Sigmund Freud: Allein mit der Welt"*

Was ist damit – im Zusammenhang mit den vorgegebenen Kriterien der Analyse – bereits ausgesagt ?
Angesprochen ist das persönliche Schicksal Freuds im Zusammenhang mit seiner Entdeckung: Isolation, Nicht-Verstandensein, gleichzeitig aber ein Auf-dem-Weg-Sein zur Erkundung einer existenziellen Frage der Menschheit, also in Verbundenheit mit den Menschen, „mit der Welt".
Im Sinn der Interpretationen des Autors ist „der Preis" angedeutet, den die Erkundung der neuen Domäne (nämlich der des Unbewussten) und ihrer Durchsetzung im gesellschaftlichen Bewusstsein von ihrem „Entdecker" gefordert hat.

Mit Bezug auf die Kriterien, die Gardner seinen biographischen Studien zugrunde legt, sind hier folgende Zuordnungen kennzeichnend:
(1) zum „Individuum": Neben den hervorragenden intellektuellen Fähigkeiten Freuds sind als besondere Persönlichkeitsmerkmale zu nennen: hohe sprachliche Fähigkeit, ein außergewöhnlich entwickeltes Selbstwertgefühl, verbunden mit einem ausgeprägten Talent zur Selbstdarstellung

(2) zur "Domäne": Die Frage, vor der der Arzt Sigmund Freud steht, lautet: Was ist die Ursache dafür, dass Symptome von Krankheiten (Lähmungserscheinungen, Blindheit, Stottern) bei Menschen erscheinen, ohne dass ein medizinisch fassbares Leidens erkannt werden kann ?

Der erste Schritt zur Neufassung der Domäne – bis dahin lautete die Erklärung für derartige Phänomene: Erbkrankheit, Anomalie, moralische Deformation – geht auf das Vorhandensein seelisch-geistiger Ursachen, auf die Erkundung von der Medizin zur Psychologie.

Der entscheidende – und das gesellschaftliche Bewusstsein zutiefst erschütternde - Schritt erfolgt mit der Ursachenerklärung aus unbewusst ablaufenden Prozessen, aus der Verdrängung von Wahrnehmungen und Gefühlen (die tabuisiert sind und daher „nicht wahr sein dürfen", die dann in Konversion körperliche Symptome aufscheinen lassen).

Die für Freud naheliegende Interpretation des gesellschaftlichen Tabus der Sexualität als wesentlicher Ursache von Verdrängungen fixiert die Domäne in der Konfrontation mit den öffentlich hochgehaltenen Moralvorstellungen.

(3) zum „Feld": Das Ereignis der Konfrontation mit dem „Feld `Ärztekollegenschaft`" und überhaupt mit dem „Feld `Gesellschaft`" erfolgt markant im Jahre 1896 durch den öffentlichen Vortrag Freuds „Zur Ätiologie der Hysterie":

Die Aussage, dass die bis dahin vertretene Erklärung der Neurosen als „angeborene Leiden" nicht weiter aufrecht erhalten werden könne, dass Männer und Frauen Hysterien entwickeln können und dass die Ursachen für alle Neurosen im Sexualleben zu suchen seien, wurde mit Entrüstung zurückgewiesen und verlacht.

Rückblickend schreibt Freud (1913): „Ich war damals auf dem Gipfel der Verlassenheit mich hielt nur ein Stück Trotz und der Anfang der ‚Traumdeutung' aufrecht."

Die Aussage ist bezeichnend: Depression zugleich Selbstbewusstsein, Selbstgewissheit und Faszination für die Entdeckung (für „die Domäne") ....

Nach Gardners Interpretation ist mit dem Ereignis von 1896 die *„fruchtbare Asynchronie"* in der Beziehung des Individuums (Freud) zum Feld (der Fachkollegenschaft und der Gesellschaft) zu kennzeichnen;

in unmittelbarer Folge tritt dann das ein, was als *„faustischer Handel"* bezeichnet wird: die bewusste Inkaufnahme der Isolation als Preis für das totale Aufgehen in der selbstgewählten Aufgabe.

Freud bringt aus dieser Situation heraus etwas zustande, das einzigartig ist:

Er schafft sich selbst *das Feld* für die Verbreitung und Durchsetzung seiner Entdeckung – die *„Mittwoch-Gesellschaft"* :

„Seit dem Jahr 1902 trafen einander allmittwochabendlich etwa 20 bis 25 Männer bei einem Wiener Arzt und Psychologen mit Namen Sigmund Freud. Zu diesem Kreis stießen in den folgenden Jahren mehrere junge Ärzte darunter Alfred Adler die Psychiater Ernest Jones aus London, Carl Gustav Jung aus Zürich Auf Kaffee und Zigaretten folgte der Vortrag eines Mitglieds, mitunter eines Gastes, an den sich nach streng festgelegtem Procedere die Stellungnahmen der Zuhörer anschlossen. Als Letzter sprach gewöhnlich Freud." (Gardner 1996, S. 70)

Aus der *Mittwoch-Gesellschaft* geht die *Wiener Psychoanalytische Gesellschaft* und die *Internationale Psychoanalytische Vereinigung* hervor.
Damit hat Freud selbst das "Feld" für die Aufnahme und Geltendmachung seiner Neuerung in der Domäne geschaffen (oder bescheidener - und realistischer – gesagt: "auf den Weg gebracht").
Auch diese "Erfindung", das Selbst-Schaffens einer Gruppe, die das Neue verbreiten soll, ist als kreative Listung zu werten!

Das Exemplarium 1 "Freud" erklärt das Vorgehen und die Methode von Gardners biographischen Forschungen.
Für Gardner steht fest, dass sich schöpferische Menschen hinsichtlich ihrer dominierenden Intelligenz und bezüglich des Umfangs und der Kombination von Intelligenzen unterscheiden.
Die sieben Personen, deren Biographien er in dem Buch "Creating Minds" analysiert, repräsentieren annähernd zugleich auch "Exemplaria" zu seiner "Theorie der multiplen Intelligenzen" (vgl. Abschnitt 2.3.1).

3.3 Charakteristik der "kreativen Persönlichkeit" – "auf beiden Seiten der Polarität" (Csikszentmihalyi)

Csikszentmihalyi nimmt in seinen Ausführungen zur Charakteristik der kreativen Persönlichkeit Bezug auf C. G. Jung, dass jeder starken (vorherrschenden) Seite einer Persönlichkeit eine "Schattenseite" gegenüberstehe, nach der man sich insgeheim sehnen würde.
Besonnenheit und Spontaneität, Unterordnung und Domination wären u.a. Beispiele eines solchen Spannungsverhältnisses in einer Persönlichkeit.
Csikszentmihalyi meint, auf Grund seiner Studien in Erfahrung gebracht zu haben, dass die kreative Persönlichkeit fähig sei, locker (!!) **"auf beiden Seiten der Polarität"** zu denken und zu handeln.
Die Hypothese soll jedenfalls als Aufforderung dafür anregend sein, begabte und kreative Kinder und Jugendliche nicht auf eine Seite – auf einen Typ – festzulegen!

Kreative Menschen sind in dieser Komplexität zu charakterisieren:

1) Sie sind voll physischer Energie, zugleich auch ruhig und
   entspannt: Aktivität und Ruhe unterliegt ihrer eigen Kontrolle, nicht der der Uhrzeit oder des Kalenders
2) Sie sind weltklug und naiv zugleich, mit Weisheit und Kindlichkeit begabt,
   mit der Fähigkeit ausgestattet, konvergierend u n d divergierend zu denken:

Studien von Lewis Terman: sehr hoher IQ korreliert nicht mit Kreativität! Ein scharfer Verstand kann Wissen so verinnerlichen, dass er der Kreativität (dem Fragen, Bezweifeln, Verändern) im Wege steht.
Grenzenloses divergierendes (flexibles, originelles, ideenreiches) Denken würde ausufern, wenn nicht Auswahl/Entscheidung - durch konvergentes Denken !! - erfolgte.

3) Sie besitzen die paradoxe Eigenschaft, Disziplin und Ausdauer mit Spielerischem, Verantwortungsbewusstsein mit Unbekümmertheit zu verbinden:
Nina Holton, Bildhauerin: "wunderschön" - harte Arbeit;
Jacob Rabinow: "ins Gefängnis gehen" - "zeitlos" sein

4) Sie wechseln zwischen Imagination und Phantasie und einem bodenständigen Realitätssinn:
Einstein: Kunst und Wissenschaft als "Fluchtmöglichkeit"
John Reed, Bankfachmann: Realitäten verändern, weil man weiter vorausliegende Realitäten erkannt hat ....

5) Sie vereinen gegensätzliche Tendenzen auf dem Spektrum von Extraversion und Introversion:
Das "einsame Genie" ist ein Mythos.
Freeman Dyson, Physiker: Wissenschaft ist eine gesellige
Angelegenheit.
J. Rabinow: Isolation und Interaktion

6) Sie vereinen die scheinbar widersprüchliche Mischung von Demut und Stolz, von Selbstlosigkeit und Ehrgeiz, vom Gefühl des Angewiesenseins auf andere (Familie, Harmonie) und Sicherheit seiner selbst und seines Wertes:
Scheu und Bescheidenheit kommt aus dem Wissen, "auf den Schultern von Riesen zu stehen".
Rabinow: Sicherheit/Selbstvertrauen = "Existenzbeweis"

7) Sie entfliehen in gewisser Weise der üblichen rigiden - geschlechtsspezifischen - Rollenverteilung
Sie sind konservativ u n d revolutionär/rebellisch: Domänen verändern - Neugier, Mut, Risiko (Zorn ?!)

9) Sie verfolgen ihr Ziel mit Leidenschaft und bringen zugleich ein Höchstmaß an Objektivität auf.

10) Sie verfügen über Offenheit und Sensibilität, empfinden (tiefer als andere) Leid und Schmerz u n d Freude: Hohe Sensibilität geht einher mit Verletzungen, Ängsten vor Verkennung; Depression bei Dichtern ...
Margaret Butler, Mathematikerin und Computerwissenschafterin: Freude an Entdeckungen und an der Teamarbeit

3.4 Kreativitätsförderung im Anspruch von Problemlösungsfähigkeit

Die Überschrift zu diesem Kapitel könnte auch so lauten: "Über das Glücksgefühl bei der Lösung komplexer Probleme."
Das Gefühl beim Bewusstwerden eigener Denkkraft nach der Entdeckung der Lösung einer Rätselfrage (oder einer "Denksportaufgabe") kann im währen Sinn des Wortes "erhebend" sein.

Die folgende Abhandlung nimmt in diesem Zusammenhang Bezug auf **Dietrich Dörners Buch (1993) „Die Logik des Misslingens"**.

In den Untersuchungen Dietrich Dörners wird auf "die Schwierigkeiten menschlichen Umgangs mit der Komplexität" (Dörner, 1983) und auf die geradezu beängstigenden Auswirkungen und Ersatzhandlungen beim Versagen gegenüber dem Anspruch des Problemlösungsverhaltens hingewiesen: die globalen Dimensionen der damit zusammenhängenden Fragen zeigen eine "Logik des Misslingens" dort auf, wo "einfachen Lösungen" anstelle kreativer Unternehmungen der Vorzug, gegeben wurde.

.Ein Beispiel liefert er mit dem Experiment *"Lohhausen-Projekt"*:
Versuchspersonen wurden vor die Aufgabe gestellt, die Geschicke einer kleinen Stadt namens Lohhausen als Bürgermeister zu leiten. Sie sollten durch eine Computersimulation das Netzwerk der ökonomischen und sozialen Beziehungen gestalten. Die Entscheidungen, der Versuchspersonen, mit negativen Folgen wurden genauer analysiert und D. stellt folgende Fehlleistungen fest:
o Nichtberücksichtigung zeitlicher Abläufe (und Entwicklungen)
o Schwierigkeiten beim Umgang mit exponentiellen Entwicklungen
o Denken in Kausalketten statt in Kausalnetzen

Diese Fehlleistungen stellen eine vehemente Kritik des schulischen Lernens dar: Die Anregung zu kreativer Erkundung, Erforschung über lineare - weitgehend vorgegebene - Denkmuster hinaus ist im fächerzerteilten Wissen weitgehend verunmöglicht worden.

Weiters geht Dörner auf eine "Charakteristik des Denkens" von Versuchspersonen mit schlechten Leistungen ein, und stellt dabei erschütternde Fluchttendenzen fest:
- Abschieben der Entscheidung
- Schuldzuweisung für die eigene Entscheidungsunfähigkeit an andere
- Aggression als Kompensation für negative Erfahrungen

Aus seinen Erkenntnissen zieht er Schlüsse für die Schulpraxis: Problemlösungsverhalten ist erlernbar. Gefordert ist
o Denken in Zeitdimensionen, in Prozessen

o Exponentielles Denken und "Vorausdenken" von möglichen Entwicklungen
o Vernetztes Denken - Denken in Zusammenhängen
o Berücksichtigung von Wechselwirkungen
o Befähigung zur Selbstorganisation

*Im sogenannten **"Lohhausen-Projekt"** untersuchte **Dörner** (1993) Denken und Verhalten von Personen beim Umgang mit sehr komplexen Systemen. Die Ergebnisse dieser Studie müßten - bei weiterem Bekanntwerden - große Bedeutung für jeden Unterricht haben, im besonderen für das Gebiet des Wissens und Forschens, das wir als politische Bildung zu bezeichnen gewohnt sind.*

Im Experiment wurden 48 Versuchspersonen vor die Aufgabe gestellt, die Geschicke einer kleinen Stadt namens "Lohhausen" als "Bürgermeister" zu leiten (und zu "meistern"). Sie sollten durch eine Computersimulation das Netzwerk der ökonomischen und sozialen Beziehungen gestalten; die Realitätssimulation machte es möglich, das Leben der Bewohner der Kleinstadt zu beeinflussen: Arbeitsplätze zu schaffen, Wohnungsbau zu betreiben, die Produktionsweise der stadteigenen Uhrenfabrik zu ändern etc.

Der Versuchsleitung, kam es zunächst darauf an, zu erkunden, wie gut oder schlecht einzelne Versuchspersonen mit der Aufgabe zurecht kamen. Die Unterschiede waren - unabhängig, von der Vorbildung der Personen! - zum Teil sehr groß: Eine Versuchsperson - "Konrad" - vermochte die Produktion der Uhrenfabrik zu steigern, neue Arbeitsplätze zu schaffen, das Gemeindebudget zu erhöhen und die Zahl der Wohnungssuchenden sowie der Arbeitslosen gering zu halten.

Eine andere Versuchsperson - "Markus" - bewirkte als "Bürgermeister" einen Rückgang der Produktion, einen Schwund der Kapitalreserven, einen gigantischen Anstieg der Zahl der Arbeitslosen mit den einhergehenden Symptomen wachsender Unzufriedenheit und zunehmender Aggression.

Solche Beispiele von guten oder schlechten Leistungen waren naturgemäß zu erwarten; es kam der Versuchsleitung wesentlich darauf an, die Fehler zu analysieren, die jene Versuchspersonen machten, deren Entscheidungen so negative Folgen zeitigten. Bei dieser Analyse stellt Dörner die folgenden Fehlleistungen fest:
- *Nichtberücksichtigung, zeitlicher Abläufe (und Entwicklungen)*
- *Schwierigkeiten beim Umgang mit exponentiellen Entwicklungen*
- *Denken in Kausalketten statt in Kausalnetzen*

Diese genannten Fehlleistungen stellen, wenn sie richtig interpretiert werden, eine vehemente Kritik des schulischen Lernens dar: Vernetztes Denken, Denken in Strukturzusammenhängen findet nicht statt! Die Anregung zu kreativer Exploration (Erkundung, Erforschung über lineare - weitgehend vorgegebene - Denkmuster hinaus) ist im fächerzerteilten Wissen weitgehend verunmöglicht worden.

Die Ermöglichung - nicht mehr als dies: das Möglichmachen - der Überschau, der Erkundung von Problemlösungen und der Erprobung von Wegen, das ist auch Förderung (Freimachung) kreativer Potentiale!

In den tiefergehenden Analysen nach dem Lohhausen- Projekt geht Dörner auf eine "Charakteristik des Denkens" von Versuchspersonen mit schlechten Leistungen ein. Er stellt dabei ernüchternde - im Falle größerer Verbreitung müßte man sagen: erschütternde - "Fluchttendenzen" fest. Sie sollen hier nur kurz und ohne Berücksichtigung der beim Autor gegebenen Gliederung (vgl. Dörner, 1983, S. 168-178) in Auswahl angeführt werden: Abschieben der Entscheidung, Schuldzuweisung, für die eigene Entscheidungsunfähigkeit an andere, Stereotypisierung.

"Die Tendenz zum Abschieben der Verantwortung, die Angst vor dem Handeln ... bilden, knapp gesagt, ein Potential, welches zur Übernahme totalitärer ... Theorien und Ideologien determiniert bei gleichzeitiger Bereitschaft, selbst auf Handeln zu verzichten und dies anderen Institutionen zu überlassen ... Es kann m. E. gezeigt werden, ... dass schlichte gutwillige Unfähigkeit am Beginn einer Kausalkette stehen kann, die letztlich zu Handlungen äußerster Brutalität führt." (Dörner, 1983, S. 177, 178)

Das gibt ernsthaft zu denken: und die Analyse stimmt - aber nicht allgemein. Der Autor verfällt in der Schlussinterpretation in jenen Denkfehler, den er bei den Versuchspersonen mit schlechten Leistungen feststellt: Er spricht von einer "Kausalkette" und folgert in dieser linearen Verkettung, von dem Erlebnis der Unfähigkeit (Minderwertigkeit: Frustration) geradlinig zu brutalen Kompensationshandlungen der "Versager". Dass auch in personalen Befindlichkeiten eine kausale Vernetzung angenommen werden darf, ist für die Erziehung, und Charakterbildung von großer Bedeutung. Das Auslösen von Brutalität als Folge erlebter Unfähigkeit k a n n bei positiver Beziehung zu anderen Menschen im Gefühl des Angenommenseins "so, wie ich bin", im Bewusstsein der Anerkennung durch andere, auch unterbleiben.
Damit wird aber der Interpretation Dörners nicht grundsätzlich, sondern nur teilweise widersprochen! - Ein schwacher Trost!?

Gage & Berliner stellen ihren Ausführungen zum kreativen Problemlösen den hoffnungsvollen Satz voran: „Die Anweisung, kreativ zu sein, scheint ... einen Einfluss auf kreatives Problemlösen auszuüben." (Gage & Berliner, 1986, S. 194)
Sie weisen auf ein länger zurückliegendes Experiment von Maier hin, in dem Studierende darüber informiert wurden, „wie man denken sollte", d. h. wie sie in ihren Analysen bei den kommenden Problemstellungen vorgehen sollten: Die kreativen Leistungen der Gruppe, die vorher über Denkstrategien instruiert worden war, waren eindeutig besser als die jener Gruppe, die ohne „Denkschulung" an die Aufgaben herangeführt worden war.

Weiters wird das „Productive Thinking Program" als Unterrichtsmaterial für das Erkennen von (inhaltlichen und gedanklichen) Unstimmigkeiten und für das Aufstellen von Hypothesen angeführt.

Schüler sollen lernen, der Art und Weise des Denkens von einfallsreichen Gelehrten, von Forschern und - Detektiven! - nachzuspüren! (Dazu könnte einem geradezu die genetische Methode von Martin Wagenschein in den Sinn kommen!)

Es ist sicher davon auszugehen, dass kreative Fähigkeiten nicht lehrbar sind; Kreativitätstraining entartet mit größter Wahrscheinlichkeit in Anleitung und Indoktrination: Wenn du kreativ sein willst, dann tue das und das ...! Du hast kreativ zu sein, daher tue dieses und jenes ...!
Für die Ermöglichung von Kreativität im Unterricht gilt daher im Grunde das, was im Zusammenhang mit den Kriterien von Hallmann bzw. mit dem Credo von Landau gesagt wurde, was auch Gage & Berliner ähnlich formulieren: „Zunächst muss ein Lehrer ... wissen, was kreatives Denken ist. Das heißt, er muss Definitionen, Beispiele und Tests für Originalität, Denkflüssigkeit, Flexibilität, Denkgenauigkeit, divergentes Denken und konvergentes Denken kennen." (Gage & Berliner, 1986, S. 196)

Lehrer/Lehrerinnen aller Institutionen sollten trachten,

- neue Ideen (der Lernenden) durch Beachtung und Aufmerksamkeit zu belohnen: bizarren Ideen gegenüber tolerant (optimistisch in Bezug auf ihre Lebensfähigkeit) sein,
- zur Überprüfung von Ideen und Proklamationen durch das „Anhören" der Gegenmeinungen anzuleiten,
- das eigene Neugierverhalten zu wecken und ein experimentier- und erkundungsfreudiges Verhalten zu praktizieren,
- die eigenen Denkprozesse beim Problemlösen zu verbalisieren (weil es uns auch sehr guttut, wenn uns der Zahnarzt begleitende Erläuterungen - mit ruhiger Stimme! - zukommen lässt, warum er was tut und warum er es so und nicht anders machen möchte...),
- dafür zu sorgen, dass Schüler die Beispiele von Künstlern, Malern, Schriftstellern und Erfindern als Anregung für ihren eigenen Geist sehen lernen - nicht als unerreichbare Größen, die aus lauter Ehrfurcht die eigene Kreativität paralysieren.

Wenn ein Lehrer/eine Lehrerin es fertigbringt, negative Selbstbewertungen („Mir fällt überhaupt nichts ein", „Das bringe ich nie fertig" ...) abzubauen und statt dessen positive Einstellungen hervorzurufen („Ich werd's schon schaffen", „Jetzt mache ich einmal etwas ganz Verrücktes"...), kann er die Entfaltung von Kreativität fördern. (vgl. Gage & Berliner, 1986, S. 196)

Die folgenden "Zehn Aufforderungen zur kreativitätsfördernden Praxisanregung" – oft sinnwidrig als "Regeln" zum Kreativitäts"training" ausgegeben – werden in vielen Publikationen zitiert

1. Betonen Sie, dass Sie unkonventionelle Ideen im Unterricht schätzen. Würgen Sie Einfälle auch dann nicht ab, wenn diese unsinnig erscheinen und sorgen Sie dafür, dass die Schüler ebenso tolerant sind und niemanden auslachen.
2. Geben Sie den Schülern Gelegenheit, ihr Gespür für Farben, Klänge, Bilder, Tastempfinden und Gerüche zu entwickeln und ihre Gefühle auf sinnliche Weise auszudrücken.
3. Bestärken Sie die Schüler darin, ihrer Wahrnehmung auch dann zu trauen, wenn sie von der anderer abweichen sollte und sich auf ihre eigene Kreativität zu verlassen.
4. Unterstützen Sie Neugier, Offenheit, Entdeckerfreude sowie jeglichen Wissenserwerb, wie überflüssig er auch scheinen mag.
5. Sorgen Sie dafür, dass die Schüler aus eigenem Antrieb lernen und loben Sie sie dafür.
6. Planen Sie ruhige genauso wie aktive Phasen ein, damit die Schüler für sich schreiben, malen oder lesen können.
7. Hüten Sie sich davor, auf festgelegten Lösungswegen (zum Beispiel in der Mathematik) zu bestehen.
8. Üben Sie mit den Schülern Denk-Techniken wie Brainstorming, Assoziieren etc., um ihnen zu demonstrieren, wie originelle Ideen leichter auftauchen können.
9. Lehren Sie die Schüler, Ideen systematisch zu prüfen und in ihrer ganzen Tragweite zu durchdenken. Halten Sie sie an, die Richtigkeit einer Lösung zu beweisen. Führen Sie Situationen herbei, in denen es auf kreatives und rationales Denken ankommt und regen Sie die Schüler an zu erkennen, wo die Probleme liegen.
10. Wenn Sie Ideen kritisieren oder werten, seien Sie konstruktiv. Die Schüler sollen sich nicht abgewiesen fühlen.

Aus: Hochbegabte Kinder und Jugendliche. Hochbegabungsförderung in der Tiroler Schule (1997)

4 Die psychische und soziale Situation begabter Kinder und Jugendlicher

4.1 „Hilfe, mein Kind ist begabt!" – Der/die/das Außergewöhnliche wird nicht überall als Glücksfall erlebt

Der Ausruf ratsuchender Eltern scheint paradox zu sein. Eigentlich müssten sich doch alle über ein hochbegabtes Kind freuen!
Dass dies nicht der Fall ist, liegt daran, dass (hoch)begabte Kinder "anders" sind als die Altersgleichen von nebenan oder eben in der Schule.
Sie denken meist anders, sie haben oft andere Interessen und möchten vor allem viel wissen; das kindliche Neugierverhalten ist bei ihnen eben überdurchschnittlich groß.

Ihre Interessen werden bisweilen als sonderbar bis unverständlich abgetan, ihr Wissen und ihr Wille, die Probleme der Welt zu lösen kommt manchen unheimlich vor.
Und doch sind sie Kinder, die angenommen und geliebt werden möchten, die Freunde/Freundinnen brauchen.

Ein Zwölfjähriger, der sich in der Unterrichtspause nicht der Diskussion über das Fußballspiel vom letzten Sonntag anschließen will, sondern sich mit der aktuellen Frage einer Friedensregelung in einer Weltregion auseinandersetzen möchte, sucht auch Partner, mit denen er sprechen könnte- und seien es auch ältere Jugendliche oder Erwachsene.

Durch das Anderssein gehört man zu einer Minderheit.
Für viele ist die Meinung und Weltanschauung der Mehrheit ausschlaggebend. Das Außergewöhnliche wird als störend empfunden (empfunden!!): Vorausgreifende Erkenntnisse oder Ideen wirken auf manche Personen nicht nur frappierend, sondern sogar verunsichernd.
Wenn SchülerInnen durch ihr vieles Fragen als „störend empfunden" und dann zurückgedämmt werden, neigen sie zum Abschalten, möglicherweise zum schulischen Versagen.
Es gibt viele Beispiele, in denen Kinder ihre Potentiale verkümmern lassen, um sich anzupassen und nicht in die Außenseiterposition gedrängt zu werden.

Eine Gesellschaft beraubt sich aber der wertvollsten Möglichkeiten des Fortschritts, wenn die personale Förderung von begabten Kindern nicht beachtet wird.
Der "Mythos", dass sich Begabungen "von selbst" entfalten würden oder gar, dass es "die Begabten ohnehin besser haben", sollte längst überwunden sein!

Es gibt auch positive Beispiele vom Bildungsgang hochbegabter Kinder, die nicht nur ihre Begabung voll entfalten konnten, sondern auch sozial voll integriert waren.
Ein Beispiel dafür ist jener Jugendliche, der drei Mal bei internationalen Wettbewerben – "Olympiaden" – für Mathematik eine Auszeichnung erhalten hat, und der in seiner Klasse überaus beliebt war; er hat sogar Mathematikunterricht durchgeführt.

Im Unterricht ist die Wahrnehmung eines "Vorauswissens" (wie Beispiele zeigen) leider oft auch ein Anlass zu unterschiedlicher Stellungnahme:

Aufschlußreich ist die Szene aus dem Film „Das Wunderkind Tate", in der Kinder einer ersten Schulstufe von der Lehrerin gefragt werden: „Welche Zahlen von 1 bis 9 lassen sich durch 2 teilen?"
Selbstverständlich wird eine bestimmte Antwort erwartet. Tate antwortet aber: „Alle".
Stellen wir uns mögliche Reaktionen (nicht aus dem Film, wohl aber real anzutreffen) vor:
***Variante 1** „Super": Staunen, Freude und ein Aha-Erlebnis: „Du bis super! Daran habe ich jetzt gar nicht gedacht! Du hast recht: Selbstverständlich läßt sich jede Zahl durch zwei teilen. Ich hätte anders fragen müssen. Applaus für dich!"*

Das intelligente Kind (mathematisch begabt?) wird sich bestätigt fühlen. Es wird in seinem Erkenntnisdrang (in seiner Neugier, hinter die Geheimnisse der Zahlen und der Rechenoperationen zu kommen) bestärkt werden.

***Variante 2** „Spielverderber": „Da magst du zwar recht haben, aber so war's nicht gemeint. Wer weiß, wie ich es gemeint habe? Wer kann mir die richtige Antwort geben?"*

Grübel, grübel: Die „richtige Antwort" ??? Das war sie doch! Oder gehört sich das nicht? Muss ich die Erwachsenen anders verstehen lernen? Ist „richtig" manchmal „falsch" und „falsch" manchmal „richtig"? Das Kind ist verwirrt. Ein anderes erntet Lob und Anerkennung.

***Variante 3** „Frechheit": Die Reaktion setzt sich zusammen aus Verblüffung und Abwehr der vermeintlichen Frechheit. Im übrigen wird auf der vorgedachten Antwort bestanden: „Ach, laß uns in Ruhe! Du denkst schon wieder riesig gescheit! Du willst dich über mich lustig machen; Du weißt genau, wie ich es gemeint habe!"*

Das Kind muss erfahren, dass es besser ist, nicht voraus zu sein, weil manche Leute sonst böse werden und einen aus der Gruppe ausschließen. Da es für Kinder aber wichtig ist, Freunde und Freundinnen zu haben, „lernen" sie auf diese Weise, dass sie ihr Wissen nicht zeigen dürfen, wenn sie anerkannt werden wollen.

Solche Erfahrungen - motivierend oder demotivierend - bestimmen oft lange Zeit nicht nur die Interessen eines Kindes, sondern haben auch Auswirkungen auf sein Engagement und auf das Selbstvertrauen.

Wenn wir uns als Reaktion auf besondere Fähigkeiten grundsätzlich die Variante „Super" aneignen könnten, wäre damit ein entscheidender Beitrag zur Förderung von Begabungen geleistet. In diesem Sinn meint der Kulturphilosoph Egon Friedell: „Das wahre Genie kennt nur einen Gegenstand zärtlicher Neigung: die Evolution der Menschheit."

Das begabte Kind kann seine besonderen Fähigkeiten meist nicht selbst benennen, es nimmt emotional die negativen Beziehungen wahr; mögliche Reaktionen sind zu sehen:
- Das Kind wird verschüchtert und verleugnet sein Wissen und Können ; es zieht sich/"seine Selbst" (!) zurück.
- Das Kind wird aggressiv, verhaltensauffällig ...
- oder es "steigt aus", es wird in der Schule (aus Fadesse und Isolation) zum "Underachiever", zum "Minderleister", zu einem Schüler, der "unter seinem Niveau lebt" ....

Das positive Beispiel und die positive Erfahrungswelt ist ebenso "realistisch" möglich: Das Kind entwickelt sich fröhlich und mit sich selbst ident in der Gemeinschaft, in Akzeptanz von Eltern und Lehrern, die sowohl das Talent erkennen u n d über die Grundvoraussetzung der "emotionalen Intelligenz" verfügen.

Die Bildung derer, die in ihrer Kindheit und Jugend als hochbegabt erkannt werden, ist heute mit anderer Bedeutsamkeit zu formulieren als es vielleicht früher der Fall sein konnte.
Es geht nicht um ein (kannibalisches) "Ausschöpfen der Begabungsreserven" im Dienst der Gesellschaft, sondern um die Frage, wie Begabte ihre Intelligenzen anwenden werden, wenn sie in Führungspositionen aufgestiegen sind, wenn sie Positionen der Entscheidungsverfügung über die Tätigkeit von anderen Menschen eingenommen haben, wenn sie Macht und Einfluss über gesellschaftliche Institutionen erlangt haben.

Nichts ist für die Bildung Hochbegabter - Manager, Künstler, Wissenschafter, Personen in Positionen der Leitung von Religionsgemeinschaften, Global-Wirtschaftsexperten - wichtiger als dass sie grundlegende Erfahrungen über Beziehungen in ihrer Jugend erwerben konnten: Gemeinschaft, Freundschaft, Teamgeist, Sympathie, Konfliktlösungsfähigkeit, Interesse für "das Andere", Nachdenken über statt Hinnehmen von Welterklärungen aus medial vermittelter Sicht, Denken mit anderen und für andere....
Ihre persönlichen Erfahrungen in Kindheit und Jugend - Angenommensein oder Ausgrenzung, Selbstverwirklichung oder Selbstverleugnung, Integration oder Isolation - werden für ihren Führungsstil maßgebend sein.

Selbstkonzept und Selbstwertgefühl in der Weise entwickeln zu können, dass die Begabung zur Hilfe und zum Nutzen für alle werden kann, ist als Erziehungsorientierung im Hinblick auf hochbegabte Kinder mehr als anderswo von Bedeutung.
Das "Selbstkonzept" bezeichnet die Summe der Vorstellungen, die jemand von sich selbst hat, und umfasst daher verschiedene Bereiche der Person (z.B. körperliches Selbstkonzept, Selbstkonzept der Begabungen, soziales Selbstkonzept). Als "Selbstwertgefühl" bezeichnet man die Bewertung dieser Vorstellungen durch die Person. Selbstkonzept und Selbstwertgefühl haben zwei wichtige Funktionen: Sie

steuern das Verhalten einer Person und sie bilden eine wesentliche Basis für psychische Stabilität und Wohlbefinden.

Personen mit hohem Leistungs-Selbstkonzept und positivem Selbstwertgefühl strengen sich bei schwierigen Aufgaben mehr an, zeigen größere Ausdauer und haben insgesamt eine optimistische Lebenseinstellung, die ihnen hilft, äußerem Druck ohne große Angst zu begegnen und sich nach Misserfolgen rasch zu regenerieren.

Beides repräsentiert eine grundlegende Komponente der Persönlichkeit von deren Ausprägung nicht nur die gegenwärtige Bewältigung der Schule mitbestimmt wird, sondern von der auch Einflüsse auf die zukünftige Lebensführung ausgehen. (zit. nach G. Haider 1997, S. 162)

4.2 Profile hochbegabter Schüler und Schülerinnen

Begabte und hochbegabte Kinder und Jugendliche sind nicht immer die bravsten und hochangepassten SchülerInnen. Sie sind vor allem nicht gleich in ihrem Verhalten und höchst unterschiedlich in ihrer Einstellung zum Lernen und zur Schule.

Die folgende Darstellung von *Profilen hochbegabter Schüler und Schülerinnen* (Betts, G.T. & Neihart, M. 1988: Profiles of the Gifted and Talented, zitiert in der Übersetzung nach Mönks 2000, S. 25, 26) liefert einen einigermaßen charakteristischen Überblick über *Verhaltensmerkmale*, die als *Erkennungsmerkmale* gewertet werden sollten, aufgrund derer dann *schulische Maßnahmen* getroffen werden könnten:

	Verhaltensmerkmale	*Erkennungs-möglichkeiten*	*Schulische Maßnahmen:*
Profil 1: Der/Die Erfolgreiche	perfektionistisch gute Leistungen will vom Lehrer bestätigt werden vermeidet Risikos akzeptierend und anpassungswillig gefügtes und abhängiges Verhalten	Schulleistungen Leistungstests Intelligenztests Lehrerurteil	Akzeleration und Enrichment Unterstützung der persönlichen Interessen Niveaubestimmung: dh Endstoff von Lehrereinheiten als Testaufgabe zur Lösung vorlegen; nur Aufgaben oder Aufgabenbereiche als Lehrstoff anbieten die nicht gelöst wurden Umgang mit Entwicklungsgleichen Anregen zum selbständigen Studium Begleitung durch den Mentor

	Verhaltensmerkmale	*Erkennungs-möglichkeiten*	*Schulische Maßnahmen:*
Profil 2: Der/Die Heraus-fordernde	verbessert den Lehrer stellt Regeln zur Diskussion ist ehrlich und direkt große Stimmungsschwankungen Arbeitsweise ist zuweilen inkonsistent geringe Selbstkontrolle kreativ Vorliebe für praktisches Handeln und Diskussion verteidigt eigene Auffassungen Strebsam	Urteil der Mitschüler Urteil der Eltern Gespräche erwiesene Leistungen Beurteilung durch Erwachsene außerhalb der Familie Kreativitätstests	tolerantes Klima möglichst Betreuung durch „geeigneten" Lehrer kognitive und soziale Fertigkeiten üben direkte und deutliche Kommunikation mit dem Schüler Ausdruck von Gefühlen erlauben Selbsteinschätzung positiv unterbauen deutliche Vereinbarungen treffen Mentorbegleitung

	Verhaltensmerkmale	*Erkennungs-möglichkeiten*	*Schulische Maßnahmen:*
Profil 3: Der/Die Sich-Zurück-ziehende	perfektionistisch gute Leistungen will vom Lehrer bestätigt werden vermeidet Risiko akzeptierend und anpassungswillig gefügiges und abhängiges Verhalten	Beurteilung durch begabte Mitschüler Beurteilung durch Eltern Leistungstests Intelligenztests erbrachte schulische Leistungen	Begabung anerkennen und entsprechen darauf eingehen zugestehen nicht teilzunehmen an Förderaktivitäten Geschlechtsrollen-Modelle geben – insbesondere bei Mädchen „ungefragt" Information zur Schul- und Berufslaufbahn geben

	Verhaltensmerkmale	*Erkennungs-möglichkeiten*	*Schulische Maßnahmen:*
Profil 4: Der/Die Aussteiger/ Aussteigerin	nimmt unregelmäßig am Unterricht teil sucht außerschulische Herausforderung achtet nicht auf sein Äußerliches isoliert sich selber kreativ übt Selbst- und Fremdkritik arbeitet unregelmäßig stört den Unterricht und reagiert sich ab Schulleistungen sind mittelmäßig oder niedriger defensive Einstellung	Analyse der geleisteten Arbeit Information von Lehrern früherer Schulen Diskrepanz zwischen Intelligenztestwerten und erbrachten Leistungen inkonsistentes Leistungsverhalten Beurteilung durch begabte Mitschüler erbrachte Leistungen in außerschulischen Umgebungen	schulpsychologische Untersuchung Information zum sozialen Umfeld evtl. therapeutische Begleitung Mentorbegleitung Anlernen von Studiengewohnheiten Lernerfahrungen außerhalb der Schule nicht-traditionelle Studienmethoden gutheißen

	Verhaltensmerkmale	*Erkennungs-möglichkeiten*	*Schulische Maßnahmen:*
Profil 5: Der/Die Lern- und Verhaltens-gestörte	arbeitet inkonsistent liefert mittelmäßige oder geringe Leistungen stört im Unterricht, fällt auf durch Abreagieren	ein sehr wechselndes Profil bei Intelligenztests Erkennung durch den Lehrer, die Erfahrungen mit Leistungsversagern haben Erkennung durch Familienangehörige und andere Außenstehende Gespräche Art und Weise des Leistungsverhaltens	Aufnahme in ein Förderprogramm für begabte Schüler benötigtes Lernmaterial zur Verfügung stellen Umgang mit Entwicklungsgleichen (intellektuelles Peers) fördern selbständiges Arbeiten und Studieren anregen individuelle Betreuung

	Verhaltensmerkmale	*Erkennungs-möglichkeiten*	*Schulische Maßnahmen:*
Profil 6: Der/Die Selbständige	gutes Sozialverhalten selbständiges Arbeitsverhalten entwickelt eigene Ziele ist intrinsisch motiviert, braucht keinen Ansporn von außen kreativ setzt sich leidenschaftlich ein für seine Interessensgebiete ist risikobereit vertritt und verteidigt eigene Auffassungen	erreichte Schulresultate Produkte in den Interessensgebieten Leistungstests Beurteilung durch den Lehrer, Mitschüler und Eltern, sowie Eigenbeurteilung Intelligenz- und Kreativitätstests	Erstellung eines Langzeit-Studienplanes Akzeleration und Enrichment Lehrstoffkomprimierung weit gefächerte Förderung Mentorbegleitung frühzeitige Zulassung zur nächsten Schul- und Studienart

5 Begabtenförderung als Motiv zur inneren Schulreform: Entwicklung einer begabungsfreundlichen Lernkultur

Begabungsförderung als Motiv zur inneren Schulreform betrifft die Einleitung einer pädagogischen Bewusstseinsbildung betreffs Variation und Differenzierung in der schulischen Lernorganisation je nach Inhalt und individuellen Erfordernissen – nämlich die Vermeidung einer „Monokultur" der Lernorganisation nach Jahrgangsklassen, "Stunden"plänen und Fächerabgrenzungen.

Eine Schulreform, die das Attribut, pädagogisch intendiert sein zu wollen beansprucht, richtet ihr Augenmerk auf Kinder und Jugendliche, auf ihre unterschiedlichen Interessen und Begabungen.
Sie will dem Menschenrecht auf Begabung Geltung verschaffen. Sie geht von der Verschiedenheit und Vielfalt der Begabungen aus und muss daher in kritische Position zu Organisationsformen gelangen, die Gleichhaltung (und Gleichschritt) festschreiben würden. Die Intention einer pädagogisch begründeten Schulreform besteht in der Entwicklung einer begabungsfreundlichen Lernkultur.

Didaktik als Bildungswissenschaft ist gefordert, Ideen, Überlegungen und Konzepte zur Wahrnehmung der „Verschiedenheit der Köpfe" (J. F. Herbart), zur Identifikation und Selbst-Erfahrung individueller Interessen und Begabungen vorzustellen, zu erproben und in Theorie und Praxis zu reflektieren.

Grundvoraussetzungen für das Gelingen fördernder Konzepte (zugleich Kennzeichen guter Schulen) sind:
- Entwicklung eines Schulprofils mit klaren anspruchsvollen Zielsetzungen
- Entwicklung von Kollegialität, von Kooperation der Lehrenden, von Teamgeist:
- Bewusstsein der „gemeinsamen Bildungswirkung aller Fächer" „corporate identity"
- Bewusstseinsbildung betreffs der Bedeutung von Methodenkenntnis und Verhalten der Lehrenden in der Auswirkung für Lernen und Leistungsvermögen
- Förderung von Selbstbewusstsein und Vermittlung von Selbstwertgefühl für Kinder und Jugendliche: „Mut zur Begabung" (Erika Landau), Ermutigung des Außergewöhnlichen

Didaktische Überlegungen mit der Bezugnahme auf individuelle Begabungsförderung betreffen daher in erster Linie
- erstens, Kritik an einer Lernorganisation, die dazu veranlasst, dass „alle zur selben Zeit das Gleiche lernen müssen" (Konformitätsdruck ist ein „Kreativitätskiller", Kritik an einer Lernorganisation, die die Begabten unterfordern und daher Fadesse mit allen negativen Begleiterscheinungen

auslösen kann; demgegenüber die Befürwortung einer Lernorganisation, die ein individualisiertes Lernen und eine Differenzierung nach Interessen und Leistungsstandards gewährleistet.
- Zweitens, Kritik an der Zumessung der Weisheitsgrade nach dem Lebensalter (das Kalenderalter ist keine unabhängige Variable für die Intelligenz); demgegenüber die Befürwortung einer mehr flexiblem Möglichkeit der Durchführung von Bildungslaufbahnen (z.B. durch das Überspringen von Jahrgangsklassen oder durch die Etablierung eines Kurssystems etc.)

Im Anliegen der Entwicklung einer begabungsfreundlichen Lernkultur werden die folgenden Themen und Problembereiche zu besprechen sein:
(1) die grundlegende Orientierung aller Institutionen der Lehrerinnen- und Lehrerbildung auf Initiativen zur kollegialen Selbst-Gestaltung von Schulwelten,
(2) die Organisation der Begabten-Förderung in der Herausforderung zwischen Absonderung oder Integration, in der Entscheidung zur Errichtung von „Eliteschulen" und/oder Schulen mit innerer Differenzierung,
(3) der Anspruch auf ein professionell pädagogisches Engagement zur Identifikation von begabten Kindern und Jugendlichen, wobei Selbst-Befähigung in einem neuen Verständnis des Lehrberufes gefragt ist,
(4) die Überwindung des starren Alters- und Jahrgangsklassenprinzips in Hinblick auf SchülerInnen, die den Bildungsforderungen schneller und in kürzerer Zeit als andere entsprechen können (denn: Bildung ist nicht mit dem „Absitzen einer Zahl von Jahren" gleichzusetzen – und „Sitzenbleiben" soll „gestattet sein, Überspringen nicht?)
(4) die Anerkennung der hervorragenden Leistungen von Lehrerinnen und Lehrern, die Kinder und Jugendliche in der Teilnahme an internationalen Wettbewerben und "Olympiaden" zur Identifikation ihrer Persönlichkeit und Fähigkeiten heranführen,
(5) die Beachtung des "Schulklimas" als eine der bestimmenden Erfahrungen für den Umgang mit Personen und für das, was "Miteinander Lernen" bedeuten könnte.

5.1 Begabtenförderung im Widerspruch der Organisationsprinzipien des 19. Jahrhunderts im Schul- und Bildungssystem

Die Lernorganisation der Schule, wie wir sie aus den Denkformen des 19. Jahrhunderts übernommen und ohne wesentliche Veränderung bis heute beibehalten und fortgeführt haben, steht zum Ansinnen von Begabtenförderung steht im Widerspruch:
Sie ist –, nicht vom pädagogischen Denken, sondern vom Verwaltungsdenken ausgehend - überwiegend nach dem Konzept des "Gleichschritts" im Lernen ausgerichtet.

Die Lernorganisation für Begabtenförderung ist - vom pädagogischen Denken seit Comenius und im Besonderen seit den Errungenschaften der Reformbewegungen auf die Entdeckung des Kindes und Jugendlichen bedacht – nach Konzepten der (inneren) Differenzierung und Individualisierung einzurichten.

Im 19. Jahrhundert wurde das erst zu gründende allgemeine Schulwesen nach plausibel erscheinenden flächendeckenden Verwaltungsprinzipien konzipiert, in die der Aufbruch zur „Bildung des ganzen Volkes" eingefügt und prokrustesartig angepasst wurde: Einrichtung von Jahrgangsklassen, für deren Zugang nicht ein Kenntnis- und Entwicklungsstand des Kindes und Jugendlichen sondern sein Lebensalter geltend gemacht wurde, Etablierung von Fächereinteilungen, deren Inhalte in Portionen nach „Stunden"plänen vermittelt werden sollten.

Unter diesen durch die Etablierung des Schulwesens unter staatlicher Leitung nach 1848 sich verfestigenden Strukturen hatte die um fünfzig Jahre zeitlich verspätete e r s t e pädagogische Bewegung um 1900 – die wir allgemein als Reformpädagogische Bewegung bezeichnen – nur jene Art von leiser Stimme, für die man im Sinn des Prinzips Hoffnung Sigmund Freud zitieren kann: „Die Stimme des Intellekts ist leise, aber sie ruht nicht eher als bis sie sich durchgesetzt hat."

Die verwaltungstechnisch so schnell wie einfach verordnete Zuteilung von Wissenserwerbs-Stufungen nach dem Lebensalter verfestigte sich innerhalb kurzer Zeit in Umkehrung ihres ursprünglichen Bildungssinnes zu einer normativen Zuerkennung – „So und nicht anders geht es und daher ist es auch gut und richtig!" – und in der Folge zu einer pseudo-anthropologischen Konstante, aus der ein kategorischer Imperativ geriet: Lerne so, dass die Maxime deines Strebens in der Schule dem entspricht, was dort für dein Alter als passend erklärt wird und erachte alles andere als falsch und schlecht.

Unter solchen ideologischen (aus dem Sein zum Sollen umstilisierten) Bewusstseinslagen entstanden irrwitzige Glaubenssätze, die ein bis in die Gegenwart anscheinend unausrottbares Dasein fristen: „Gleichheit für alle" bedeute „Gerechtigkeit für jeden" (wiewohl schon der Altvater der Pädagogik, Johann Friedrich Herbart, darauf hingewiesen hatte, dass „die Verschiedenheit der Köpfe" eine Grundfrage allen Unterrichts sein müsse, die, wenn man sie nicht beachte, „zur Despotie führen" müsse) und Heranwachsende gescheiter sein und mehr wissen lassen „als es dem Alter entspricht" (!??) bedeute „Verlust der Kindheit".

Zu diesem Vorurteil zitieren mitunter eilfertig beflissene Halbgebildete das, was sie bei Rousseau schon immer missverstanden haben, wenn sie vom „Wachsen lassen" des Verstandes und der Vernunft in der Art „wie die Haare wachsen und die Zähne kommen" gelesen haben; und im Übrigen kann man zur Ablehnung derer, die im Bildungsweg rascher vorankommen, immer noch mit den tiefgestaffelten Gefühle der Verunsicherung und Konkurrenzangst rechnen.

Die Beschreibung solcher Bewusstseinslagen gilt nun keineswegs für d i e Lehrer allgemein, wohl aber für eine nicht unerhebliche Zahl jener Personen, die im Bildungsbereich tätig sind.
Wenn dem nicht so wäre, würden wir bei Überlegungen zum Überspringen von Schulstufen nicht so widerspruchsvollen Einstellungen begegnen.

Wenn eine Erklärung dafür besteht, dann diese, dass bei manchen der Anspruch von Menschenbildung in der mentalen Unterordnung unter die Sozialisationsbedingungen der schulischen Lernorganisation geraten und dort verkommen ist.

Es ist notwendig, den Blick auf jene anderen Lehrer zu richten, die aufgrund ihres Bildungsverständnisses und ihres Selbstbewusstseins fähig sind, Schule anders verstehen, die es für selbstverständlich halten, sich über vorfindbare Ist-Zustände ein Urteil zu bilden und über Organisationsbedingungen zu entscheiden.
Es sind die kreativen Lehrer, die Schule so verändern wollen, dass Begabung als Menschenrecht wahrgenommen werden kann; das sind auch jene Lehrer, die sich alleingelassen und unerkannt fühlen, wenn die begabungshemmenden Faktoren der Realverfassung von Schule nicht Thema der wissenschaftlichen Forschung werden.

In Konsequenz solcher Überlegungen sind zwei Richtlinien für forschende Unternehmungen zu nennen:

(1) Die Organisation und die Form der Ausbildung, die in den lehrerbildenden Institutionen besteht, ist selbst zum Gegenstand der Begabungsforschung zu erheben, denn bereits dort – an Pädagogischen Akademien und Hochschulen und Universitäten – gerinnen die differenzierenden Ansprüche unter dem anscheinend allein-lehrer-seligmachenden Ziel der Vermittlung kognitiver Qualifikationen (dessen, was als „Berufswissen" benannt wird) zur Monokultur von Lehren und Lernen als rezeptiver Wissensaufnahme zum Zweck der Prüfung (kurzfristiger!) Gedächtnisleistungen.

(2) Lehrer – die „im pädagogischen Geschäft" tätigen Personen - sind allgemein besser als ihr Ruf; es gibt unter ihnen außerordentlich Begabte – sowohl in fachlicher als auch in pädagogischer Hinsicht – in dem sicheren Anteil, der die Entwicklung anderer Schulwelten (vgl. Schulklima-Untersuchungen: Oswald 1989, Eder 1995 u.a.) gewährleistet.
Von diesen Lehrern werden außergewöhnliche Leistungen erbracht (vgl. Oswald, Hanisch, Hager 1999: Olympiaden und internationale Wettbewerbe) und intelligente pädagogische Initiativen gesetzt, die auch von einem erstaunlichen Mut zeugen, schulische Strukturbedingungen zu verändern, selbst im leisen Widerspruch zu ministeriellen Gesetzes-Interpretationen (vgl. Oswald, Überspringen von Schulstufen).
Gleichwohl befinden sich diese Lehrer in der Minderheit und sind daher in ihrer Situation im Lehrerkollegium ähnlich einzuschätzen wie begabte Kinder unter ihren Altersgleichen mit anderen Interessen.

Eine Anregung der Phantasie ist allerdings jetzt schon möglich; eine Anregung zur Vorstellung darüber, dass „Schule" auch anders denkbar ist: Es ist erwiesen – aus der Erfahrung der ECHA-Seminare ist es hinlänglich bekannt - , dass die Erkundung von Modellen der Begabtenförderung an Schulen den „Mut zur Begabung" (von dem Erika Landau im individuell gemeinten Interesse am Kind spricht, welcher Aufruf aber wohl auch für Lehrer Geltung hat) erwecken kann.
Wir stehen in der Entwicklung der Institution Schule und der lehrerbildenden Einrichtungen zwar noch in den Anfängen; Bewegung wird durch die „Ermutigung zur Begabung" bei Lehrern entstehen.

5.2 Lehrerbildung – für eine begabungsfreundliche Lernkultur

„Über Lehrerbildung reden" heißt - in Abwandlung eines Wortes von Jean Paul - „über alles zugleich reden": über den Beruf und seine Berufung, über die Verfasstheit unserer Bildungsinstitutionen, über Wissenschaft und Lehrtätigkeit .....
Über Lehrerbildung reden sollte auch und vor allem heißen: über die Person reden, die Lehrer werden soll und will (und es auch werden wird, weil wir uns darauf eingelassen haben, wesentlich die Willenskundgebung zum Ergreifen dieses Berufes schon für ausreichend zu halten und ansonsten keine wie immer geartete überdurchschnittliche Qualifikation als Kriterium der Eignung und noch viel weniger eine unterdurchschnittliche Qualifikation als Kriterium der Nicht-Eignung geltend zu machen); über Lehrerbildung reden heißt: über die Person des Lehrers und ihre Begabungen reden, vor allem über die Begabung zur Entdeckung von Begabungen.

Eine „begabungsfreundliche Lernkultur" wird dort Wirklichkeit, wo Menschen über das Talent verfügen, im Umgang mit anderen deren Fähigkeiten zu erkennen und selbst entdecken zu lassen.
„Begaben" heißt die Kunst, mit Menschen so umzugehen, dass sie ihre besten Fähigkeiten – selbst – entdecken und verwirklichen können.
.Die Untersuchungen von Ferdinand Eder (Eder 1995) über den Zusammenhang von Selbstwertgefühl und Leistungsselbstkonzept bei Kindern und Jugendlichen in der Schule geben deutliche Hinweise auf das, was man mit begabendem Verhalten umschreiben kann.

„Dein Geist hat mich begabet ..." lautet die Textzeile eines Gedichtes von Paul Gerhardt (bzw. eines Chorals aus der Matthäus-Passion Johann Sebastian Bachs); Howard Gardners Studien über jene entscheidenden Begegnungen, die im Leben eines genialen Geistes als kreative Auslöser wirkten, charakterisieren diesen begabenden Moment in den Biographien von sieben „Schöpfern der Moderne" (Gardner 1996).

Mit dem Wort „Lehrerbildung" möchte ich die „Bildung" derer, die Lehrer werden wollen, und die „Bildung" derer, die als Lehrende tätig sind, bezeichnet wissen.
Eine Diskussion zum Begriff von „Bildung" soll damit nicht eröffnet werden (wiewohl ich eine Auseinandersetzung darüber – auch gegen jene, die mit einem Begriff nichts anderes assoziieren als „Verschwommenheit" - durchaus schätzen möchte); hier ist ausschließlich die Orientierung des Themas im Zusammenhang den Fragen, vor denen wir stehen, gemeint: Eine Unterscheidung zwischen Ausbildung und Fortbildung wird angesichts der Grundfragen zu diesem Thema unerheblich, weil sie bloß institutionalisierte Stufungen beträfe, die im Hinblick auf die Anforderungen der Begabtenförderung (noch) nicht erfindlich sind.
Denn: in den Unternehmungen für eine Lehrerbildung zur Begabtenförderung stehen wir erst am Beginn. Aber – siehe Hermann Hesse – „jedem Anfang wohnt ein Zauber inne" .....!

5.2.1 Lehrerbildung ohne Begabtenförderung? – Begabtenförderung ohne Lehrerbildung?

Wer Lehrerbildung und Begabungsförderung oder Lehrerbildung und Begabtenförderung „zusammendenkt" indem er sie mit dem unverbindlichen „und" in Verbindung setzt, macht die überraschende Entdeckung, dass einerseits lehrerbildende Institutionen wenig bis gar nichts zur Begabtenförderung einbringen und dass andererseits unter einschlägigen Publikationen zum Thema Begabtenförderung die Fragen der Lehrerbildung kaum wirklich aufgegriffen werden.

Welches „Fremdsein" voreinander ist da zu konstatieren? Darf man Lehrer aufgrund ihrer Ausbildung und des beruflichen Selbstverständnisses auch zur Begabtenförderung verpflichtet und schon auch dafür befähigt erachten?
Die Realität der Ausbildungsformen und -institutionen zeigt ein anderes Bild in unseren Landen – von Kiel bis Klagenfurt.
Welche mentalen Barrieren da aufgebaut sind, wird aus der unfassbaren Aussage einer Gymnasiallehrerin in einem Fernsehinterview (also unter den Augen der Öffentlichkeit) deutlich, die da lautete: „Begabtenförderung können wir nicht auch noch übernehmen; dazu sind wir ja gar nicht ausgebildet." Sie sagte das in einem bestimmenden selbstbewussten Gebaren, was das Groteske der Wortspende noch zusätzlich verstärkte.

In der von Doris Gloggnitzer 1985 an der Universität Wien erstellten Studie über die Wahrnehmung des in Österreich damals per Gesetz bereits möglich Überspringen von Schulstufen begegnet man dem erstaunlichen Phänomen, dass nur sehr wenige Direktoren und Lehrer von dieser gesetzlichen Bestimmung (des § 26 des österreichischen Schulunterrichtsgesetzes) wussten und dass dort, wo das Ansinnen zum

Überspringen an Schulen vorgebracht wurde, mit allen Behinderungen und Unterstellungen zu rechnen war.

Die Autorin beschreibt u. a. die Erfahrungen einer Schülerin der Oberstufe des Gymnasiums, die in der Erinnerung an die Durchsetzung ihres Antrages davon berichtet, dass sie Prüfungen bestehen musste, die einem „Kampf" glichen, dass ihr gleich vorab gesagt worden war, sie sei „wahnsinnig" und „was sie sich einbilde" und Ähnliches.

Das Wiederholen einer Schulstufe war seit Menschengedenken akzeptiert, das Überspringen nicht; Rückversetzung gilt als sinnvoll, Vorversetzen als unanständig.

Die Bewusstseinslage hat sich seither wohl gebessert, wie aufgrund der Studie des Österreichischen Zentrums für Begabtenförderung und Begabungsforschung in Salzburg (Oswald 2000) nachgewiesen werden konnte.

Aus den Erfahrung in der Lehrerfortbildung ist bekannt, dass die Befähigung von Lehrern zur Begabtenförderung – auch beim Vorhandensein hoher Intelligenz und fachlicher Kompetenz - aus Gründen der mentalen Befangenheit in den vorgegebenen Organisationsbedingungen der Institution Schule nicht zum Vorschein kommt.

Problematisch erscheinen Unternehmungen dort, wo „Enrichment" nicht anders verstanden wird denn als ein „Mehr" an Stoff und Stunden, ein „Mehr" an Schule.

Manche Lehrer können sich eine andere Lernorganisation der Schule gar nicht vorstellen denn die existierende, die Gliederung nach (altersnormierten) Jahrgangsklassen, Fachabgrenzungen und „Stunden"plänen.

Begabtenförderung erfordert jedoch die grundlegende Änderung der Lernorganisation, wenn „die Verschiedenheit der Köpfe" (Herbart) beachtet werden soll; und diese „Verschiedenheit nicht zu berücksichtigen", so meinte er, würde „zur Despotie führen."

Wir werden „Lehrerbildung zur Begabtenförderung" nicht voranbringen, wenn wir nicht oder mit so geringer Bedachtsamkeit wie bisher darauf eingehen, die Fragen der Lernorganisation als ein Thema der pädagogischer Begabungsforschung zu verstehen.

Es sind die situativen Bedingungen unserer wesentlich aus dem 19. Jh. stammenden schulischen Lernorganisation, die extrem begabungshindernd sind und die Initiativen auch der intelligentesten Lehrer oft nicht verwirklichen lassen.

Wir werden „Lehrerbildung zur Begabtenförderung" wesentlich dann effektiver gestalten, wenn wir Organisationsmodelle und Methodenkonzepte, die untersucht und erprobt werden können und die es auch gibt, in die Forschung aufnehmen.

Es geht nicht um hausbackene Adaptionen, vielmehr um Fragen der Änderung einer Lernorganisation.

Der jeweilige Begriff von Begabung wirkt entscheidend für die Vorstellung von einer Organisation zur Begabtenförderung – eben in der Spannung zwischen Absonderung und Integration der Begabten an Schulen und anderen Bildungsinstitutionen.

„Lehrerbildung ohne Begabtenförderung" ist nicht eine bloß provokativ gestellte Frage, sondern eine Beschreibung der Situation unserer Bildungsanstalten.

Das Thema Begabungsförderung als ein Fachgebiet der forschungsgeleiteten Vermittlung von wissenschaftlichen Erkenntnissen erhält spät und noch sehr verhalten Aufnahme in die Studienpläne lehrerbildender Institutionen; und das Handlungsfeld Begabtenförderung als Anliegen der kreativen Herausforderung didaktischer Ideen wird harmonistisch erstickt - in der als zweckmäßig erachteten Orientierung auf die vorhandenen Strukturen.

Der Titel des Buches über die Kindheitserinnerungen von Alice Herdan-Zuckmayer „Genies sind im Lehrplan nicht inbegriffen" bezeichnet nicht bloß eine Episode in einem Schweizer Internat aus der Zeit vor dem Ersten Weltkrieg – die Ablehnung des Lehrers Oskar Kokoschka nämlich – sondern die Gegenwart (wobei man damals mit „Genie" tatsächlich einen genialen Menschen bezeichnete – ohne alle Verdächtigungen, die heute dem Wort zugedacht werden).

Auf internationalen Tagungen war das Thema „Begabtenförderung in der Lehrerbildung" bislang nicht vorhanden - nicht in dem, was den Beruf des Lehrenden in der Institution Schule und an anderen Bildungsinstitutionen – auch an der Universität - betrifft.

Die Übermittlung von Forschungsergebnissen allein, wie sie bisher üblich war, greift nicht und verändert die Bewusstseinslage bloß kognitiv-extrapoliert. Was zu tun ist, sollte als „pädagogische Forschungsintention" so wieder aufgegriffen werden, wie sie in den Anfängen (z.B. bei Heinrich Roth in „Bildung und Begabung") vorhanden war.

Es sind die bestehenden Probleme zu analysieren, Versuche und Initiativen aufzuzeigen und jene pädagogischen Erfindungen zu propagieren, die eine Begabtenförderung der Lehrenden selbst in Gang bringen können.

5.2.2 Initiativen zu einer begabenden Lehrerbildung

Die Nennung der folgenden Qualifikationen für eine Lehrerbildung zur Begabtenförderung ist aus der bisherigen Erfahrung in der Arbeit mit Studierenden – also in der Situation der Ausbildung künftiger Lehrer – und in der seminaristischen Begegnung mit Lehrerinnen und Lehrern in Fortbildungsveranstaltungen (zu denen auch die ECHA-Seminare zählen) entstanden.

Zwei größere Forschungsarbeiten – erstens über „Individuelle Begabtenförderung in der Teilnahme österreichischer Jugendlicher an internationalen Wettbewerben und 'Olympiaden'" im Auftrag des Bundesministeriums für Bildung, Wissenschaft und Kultur, zweitens zum „Überspringen von Schulstufen an österreichischen Schulen" im

Auftrag des Österreichischen Zentrums für Begabtenförderung und Begabungsforschung – haben besondere Gegebenheiten (sowohl beglückende Erfahrungen als auch Leidenszustände) erkennen lassen.

Die folgenden fünf Dimensionen sind in diesem Interesse bewusst in der sprachlichen Form zum Ausdruck gebracht, die Qualifikationen von begabenden Lehrern benennen soll:

Selbstbewusstsein in der Begegnung mit Wissenschaft allgemein, auch und besonders mit den für das Berufsverständnis grundlegenden Sozialwissenschaften
Organisationskompetenz in der Begegnung mit Schule und mit außerschulischer Bildung
Erfahrung der eigenen Person in kontrollierter Selbstreflexion (durch Aktionsforschung) und Befähigung zu dem, was bei Howard Gardner als „intrapersonale Intelligenz" bezeichnet wird
Selbst-Erfahrung im Unterrichtsmanagement in Kooperation mit anderen Personen und Institutionen
Erwerb von bildungspolitischer Profilierung durch die Erstellung und Präsentation von Arbeiten zu Bildungsfragen auf wissenschaftlicher Grundlage

Erster Impuls: Vermittlung von Selbstbewusstsein in der Begegnung mit Wissenschaft

Lehrer sollen sich als Subjekte der Forschung begreifen lernen; sie werden vielfach dort zu Objekten der sozialwissenschaftlichen Forschung gemacht, wo ü b e r sie befunden wird, ohne dass sie zu dem Ansatz des Denkens, der da an ihren Tätigkeitsbereich herangebracht wird, etwas zu entscheiden hätten.
Sie werden in solchen Fällen „befragt", und man verspricht, ihnen die Ergebnisse mitzuteilen; und das klingt ohnehin schon wie eine verhaltene Drohung.
(Ein Wissenschafter und Forscher der Hochtechnik spricht mit einem Verkehrsexperten und Verkehrsplaner viel eher auf der Ebene der Gleichberechtigung – jedenfalls in der Form der gegenseitigen Achtung – anders als dies bei Wissenschaftern der sozialwissenschaftlichen Forschung in der Begegnung mit Lehrerinnen und Lehren für gewöhnlich der Fall ist.)

Seminare, in denen Literatur zur Begabungsforschung mit intensiver Diskussion einhergeht, bringen zum Vorschein, dass sozialwissenschaftliche Forschungskonzepte in ihrer Komplexität zunächst nicht recht verstanden werden wollen.

Da ist dann von „Praxisferne" die Rede, von zu großem Aufwand für Fragen, die man in der Praxis einfacher und schneller – „unkomplizierter" - lösen müsse.

Studierende sind überwiegend mit einem statischen Verständnis von „Wissenschaft" aus der Schule entlassen worden.
Sie haben ein Bild von Wissenschaft als einer Sammlung von Wissen, aus der man sich etwas holen kann; es ist wie die Vorstellung von einem Steinbruch, von dem man sich Brocken nimmt, andernfalls die Aura eines Schatzhauses, das man kaum zu betreten wagt.
Beides befähigt nicht dazu, Wissenschaft in ihrem dynamischen Charakter zu begreifen – als ein Instrument zur Veränderung.

Universitäre Lehrerbildung in der meist in der Dominanz der fachwissenschaftlichen Ausbildung existierenden Kultur rezeptiver Wissensaneignung macht nicht dazu geneigt, diese Einstellung aufzuheben, und das Internet ist nicht dazu geeignet, diese Auffassung zu verändern.
Ein mitgeliefertes Verständnis von „Theorie", das eher einem Glaubensbekenntnis gleicht denn einer Fragehaltung, einer Frage an die Wirklichkeit, die aus einem als vorläufig betrachteten Wissen entspringt, lässt die Grundmaxime der Aufgabe von Wissenschaft im Ansatz der Falsifikation zunächst wie eine allgemeine Verunsicherung erscheinen.

Dort – in einer Herausforderung durch Verunsicherung -liegt dann allerdings auch der Punkt, an dem hochbegabte Studierende und Lehrer ein Erlebnis haben, das sie in der Beschreibung wie eine Befreiung, wie die Öffnung eines Tores zum Blick auf weite Horizonte und zum Erwandern einer anregenden Landschaft bezeichnen.
Die optimistische Sprache des Philosophen Sir Karl Popper bietet dazu den Denkansatz: „Versuche immer wieder, die Theorien, an die du glaubst, zu formulieren und zu kritisieren. Und versuche, Alternativtheorien aufzustellen – selbst zu den Theorien, die als völlig zwingend erscheinen; nur so wirst du die Theorie verstehen, an die du glaubst. Betrachte deine Experimente (und Erfahrungen) immer als Prüfungen einer Theorie – als Versuche, Fehler in ihr zu finden.
Diese Methode, etwas über die Welt in Erfahrung zu bringen, könnte man evokativ statt instruktiv nennen. Wir lernen etwas über unsere Umwelt nicht dadurch, dass wir uns von ihr instrumentieren lassen, sondern indem wir von ihr herausgefordert werden."
(Objektive Erkenntnis, 1984, S. 278 – 279)

Wissenschaft lernen heißt eher nicht „Wissen speichern", sondern wissenschaftliches Suchen und Forschen nachvollziehen.
(Ich lasse das Münchner Hochbegabungsmodell „nachvollziehen")

Zweiter Impuls: Vermittlung von Organisationskompetenz in der Begegnung mit „Schule" und mit außerschulischer Bildung

Lehrer sollen das Schulsystem ihres Landes in seinem historischen Gewordensein verstehen lernen und es für veränderbar halten.

Sie sollen die vorfindbare „Schule" in ihrer gegenwärtigen Situation nicht für naturgegeben und gottgewollt erachten.
Sie sollen ihre Berufsidentität als Bildungsexperten der Organisationsentwicklung definieren und nicht auf die Rolle des „Unterrichters" einschränken lassen.

Dass diese Beschränkung, die in vielen Fällen Selbsterniedrigung ist, nicht nur geistige Unfruchtbarkeit erzeugt, sondern krank macht, weil sie kränkend ist, erkennt man am deutlichsten daran, dass Schulkritik ungeheuer schnell als Personen- und Lehrerkritikaufgefasst wird, obwohl sie oft absolut als Organisationskritik erkannt werden könnte, als Kritik, mit der sich Lehrer sogar identifizieren müssten, weil sie unter manchen gegeben Strukturen selbst nicht zu dem kommen, was sie als erstrebenswert erkannt haben und in ihrem Beruf verwirklichen wollen.
Eine Förderung des Selbstwertgefühls der Personen „des lehrenden Standes" und das Bewusstsein ihres Leistungs-Selbstkonzeptes ist wäre sinnvoll; manche Krankheit unserer Bildungszustände entsteht aus einer ungenügenden Identifikation mit dem möglichen anspruchsvollen Selbstbild des Berufes.

Das „Lernen", der Erwerb von Organisationskompetenz ist für die Begabtenförderung absolut unverzichtbar; es erfolgt in Theorie und Praxis durch das Erkunden von Modellen.
Das bewusste „Erkunden" von Modellen fördert das Fragen nach Motiv und Effektivität zutage, es lässt die Vielfalt pädagogischer Erfindungen an die Stelle vorheriger Einfalt übernommenen Strukturdenkens treten.
In Analogie zu einem Wort von Jean Jacques Rousseau wäre zu sagen: „Ein Lehrer, der nur seine Schule kennt, kennt 'Schule' nicht."
Und nicht nur im Belang der Organisationserfahrung der anderen Art, sondern z.B. auch in dem, was die Erkundung von Schulklima-Konstituanten betrifft, wäre in der forschenden Teilnahme eines Lehrers am Schulleben einer anderen Schule eine höchst anregende und „bewegende" Form der Lehrerfortbildung zu sehen.

Dritter Impuls: Erfahrung der eigenen Person in kontrollierter Selbstreflexion (durch Aktionsforschung) und Befähigung zu dem, was bei Howard Gardner als „intrapersonale Intelligenz" bezeichnet wird

Lehrer sollen ihre Verhaltensweisen und die Einschätzung ihrer Wirkung auf andere Personen selbst reflektieren lernen; sie sollen lernen, sich mit ihren Motiven und Gewohnheiten, mit ihren Einstellungen und mit ihren Fähigkeiten und mit denen ihrer Kolleginnen und Kollegen auseinanderzusetzen.
Die Methode der „Aktionsforschung" (Altrichter & Posch 1998)) bietet dazu einen anerkannten (aber durchaus eigenständig modifizierbaren) Weg.
Während man bei der Nennung solchen Ansinnens rasch geneigt ist, an Supervision o.ä. zu denken (was auch berechtigt ist), wird im Konzept der Aktionsforschung davon

ausgegangen, die eigene berufliche Situation und die anderer Lehrer zum Gegenstand der Forschung machen zu lassen.:

„Aktionsforschung ist", nach Eliott „die systematische Beobachtung beruflicher Situationen, die von Lehrerinnen und Lehrern selbst durchgeführt wird, in der Absicht, diese zu verbessern." (Anstelle der normativen Verprechenszusage wäre wohl eine mehr differenzierend beschreibende Formulierung angebracht, nach der dann die Rede sein sollte von der „Absicht, sich berufliche Situationen mehr bewusst zu machen und sie kommunizieren zu können." (Altrichter & Posch 1998)

Die Aufzeichnungen eines Tagebuches über „meine" gelungenen und/oder misslungenen Vorhaben, über Sicherheit und Versagen, über Freude und Ärger führen – selbst bei Durchführung in „Erprobungssituationen" – zum Ernstfall des Aufspürens subjektiver Theorien und zum Befragen auf ihre Begründbarkeit.

Kollegiale Hospitationen und Befragungen – als Interview oder in schriftlicher Form - über Aktion und Reaktion in bestimmten beruflichen Situationen (im Unterricht, in Verhalten zu Eltern, zu Vorgesetzten ...) eröffnen Ausgangspunkte zur Überwindung der im Lehrberuf stets latenten Gefahr der Verliebtheit in Idiosynkrasien.
(Ich führe eine Gruppendiskussion „meiner" Unterrichtsstunde mit Video-Feedback.)

Vierter Impuls: Vermittlung von Selbst-Erfahrung für ein Unterrichtsmanagement in Kooperation mit anderen Personen und Institutionen

Lehrer sollen lernen, die Intention der „gemeinsamen Bildungswirkung aller Unterrichtsfächer" in der Lernorganisation und in der Kooperation des Lehrerkollegiums sichtbar werden zu lassen.

Sie sollen „Lernfelder" (als themenorientierte Bildungsinhalte) im Team planen und in einem entsprechenden Unterricht organisieren und durchführen können und einen „Atelierbetrieb" (als freies und konkurrierendes Lehrangebot jedes Mitglieds des Lehrerkollegiums) in gemeinsamer Unternehmung der Schule zu erproben wagen.

Internationale Vergleichsstudien wie z.B. die „Third International Mathematics and Science Study –TIMSS" konnten nachweisen, dass Wissen vorhanden ist, dass aber ein hoher Anteil von Schülern zu dokumentieren war, die angesichts von vernetzten Problemlösungsanforderungen versagten.

Lehrer sollen die Unterrichtsführung in der Konzeption des „Offenen Lernens" bewusst als Instrument der besseren Möglichkeit zur Identifikation von Begabten in Erfahrung bringen.
(Über die Methode des Offenen Unterrichts wird im folgenden Kapitel im Zusammenhang mit dem an der Universität Wien geplanten Forschungsprojekt Näheres ausgeführt werden.)

Fünfter Impuls: Erwerb von bildungspolitischer Profilierung durch die Erstellung und öffentliche Präsentation von Arbeiten zu Bildungsfragen auf wissenschaftlicher Grundlage

Lehrer sollen die Entwicklung sozialwissenschaftlicher Forschung mitvollziehen und im Besonderen die Erkenntnisse der Begabungsforschung als integrierten Bestandteil ihrer Berufsidentität sehen lernen. Eine Weiterleitung, von einem Literaturstudium ausgehend, zu einem berufsorientierten Anwendungsbereich ist dazu erforderlich.

Lehrer sollen lernen, eigene wissenschaftliche Arbeiten öffentlich vorzutragen und ihren Denkansatz und ihre Forschungsmethode in Rede und Antwort mit Argumenten zu vertreten.

Ein umfassendes rhetorisches Training im Zusammenhang mit dem Erwerb anschaulicher Darstellungsgeschicklichkeit ist gefordert.

Werdende Lehrer sind mit Situationen des Wettbewerbs zu befassen – nicht bloß im Hinblick auf andere, sondern in direkter Betroffenheit.

Die Vermeidung von Über-Empfindlichkeit und die Entwicklung einer gewissen Resistenz gegenüber Kritik – mehr noch: die Befähigung, dieser Kritik mit Argumenten begegnen zu können – ist notwendig.

5.3 Absonderung oder Integration? – Modelle der Lernorganisation

Die Organisation der Begabtenförderung stellt ein Modell für Kooperation oder Konkurrenz der Gesellschaft dar.

Die Institutionalisierung der Begabtenförderung wird von dem her bestimmt, was man unter "Begabung" versteht

Die Konzepte lassen sich zwischen den Polen "Absonderung" und "Integration" der Begabten charakterisieren:

Absonderung			Integration
1	2	3	4
Eigene Schulen für Begabte und Hochbegabte: Selektion „Eliteschulen"?	Zusätzlicher alternativer Unterricht an speziellen Einrichtungen außerhalb der Schule	Alternative Lernangebote innerhalb er Schule (Wahlpflichtbereiche im weiteren Sinn: Enrichtment-Interessen)	Variation der Lernorganisation und der Unterrichtsmethoden; Innere Differenzierung und Individualisierung; Offene Lernformen, Beobachtung des Lernprozesses Lehrfähigkeitstest

5.3.1 Besondere Schulen für Begabte/Hochbegabte

Besondere Schulen für Begabte/Hochbegabte könnten möglicherweise besonders hohe Standards des Wissens und Könnens erreichen; als Defizit müsste - bei extremer Absonderung - die Sozialisierung zu Verhaltensweisen bedacht werden, die die Fähigkeit der Vorstellung der Denkweisen anderer - der weniger Begabten - und des (sprachlichen) Umgangs mit anderen abhanden kommen lassen könnte.

Das Phänomen ist dort deutlich geworden, wo in Betrieben und Institutionen Menschen tätig werden, denen einseitig exzellente Fachkenntnisse attestiert werden müssen, die aber in ihrer Führungsposition nicht in der Lage sind, Mitarbeitern das erklären oder sprachlich vermitteln zu können, was sie durchgeführt wissen wollten.
So verlockend die Schaffung von "Denkfabriken" sein mag, es wären - immer vorausgesetzt dass dies das allein realisierte Konzept bliebe - negative Effekte zu konstatieren: soziale Isolierung der einzelnen Begabten und Ausbleiben einer Gesamtentwicklung im Schulwesen.

Zwei Schulstandorte sind in diesem Zusammenhang als „besondere Schulen für Begabte/Hochbegabte" zu nennen, obwohl sie keine rigide Trennung der hochbegabten SchülerInnen von anderen vornehmen:
Die „**Sir-Karl-Popper-Schule**" in Wien (Benennung mit seinerzeitiger Zustimmung des Philosophen Popper, 1902 – 1994), an der im „Wiedner Gymnasium" Klassen für besonders begabte SchülerInnen geführt werden
und
die „**Jugenddorf-Christophorus-Schule**" in Braunschweig, an der ebenfalls Hochbegabtenklassen und Regelschulklassen des Gymnasiums geführt werden.
An beiden Schulen bestehen Einrichtungen zur wechselseitigen Kontaktnahme zwischen SchülerInnen verschiedener Bildungsgänge; eine Separation der Hochbegabten wird nicht angestrebt.

5.3.2 Zusätzlicher alternativer Unterricht außerhalb der Schule

Dieser existiert in mehrfacher Art; einige Beispiel sollen hier genannt werden:
- **"Plus-Kurse" im Bundesland Salzburg:** kreative Lernangebote in Kursform für SchülerInnen mit freiwilliger Teilnahme während des Schuljahres
- **Arbeitsgemeinschaften für besonders befähigte SchülerInnen in Baden-Württemberg:** besondere Lernangebote in Kursform für SchülerInnen mit freiwilliger Teilnahme während des Schuljahres
- **"Sommerakademien" in Österreich und "Bundes-Schüler-Akademien" in Deutschland** finden während der Sommerferien statt: Auswahl nach Nominierung,

Gruppenbildung und Wahl-Zuteilung zu einem der Themenangebote, ca. 10 - 14 Tage in geschlossener Gruppierung, Lern- und Freizeitaktivität
- **Sportkurse und Musikschulen** als "normal" oder gar nicht so wahrgenommene Förderangebote außerhalb der Schule (während des Schuljahres und während der Ferien) sind ebenfalls zu nennen

5.3.3. Alternativer (zusätzlicher) Unterricht innerhalb der Schule

Dieser Unterricht wird in unterschiedlichen Formen verwirklicht:
- **"Ateliers":** An einer Schule wird - nach gemeinsamer Planung aller Lehrenden des Kollegiums - für vier Wochen hindurch jeweils an einem bestimmten Tag der Stundenplan der Klassen aufgehoben und der Klassenverband aufgelöst; die Schüler besuchen die Lern-Kursangebote, zu denen sie sich gemeldet haben. Sie haben aus dem Angebot wählen können und absolvieren diesen Bereich auch.
Lehrerinnen und Lehrer haben auch ihr Interessensgebiet eingebracht; sie können die besonderen Talente ihrer SchülerInnen besser wahrnehmen.
Die Vorarbeit zu einer solchen Unternehmung ist groß zu veranschlagen: Vorschlag im Kollegium, Prozess der Bewusstseinsbildung über die Sinnhaftigkeit, gemeinsame Planung der Zeit (Festlegung der Termine) und der Inhalte (Lernbereiche), Bekanntmachung des Themas und Werbung dafür (man geht ja nicht "einfach" hin, man wählt !!), Aushalten der unterschiedlichen Zuordnungen und Gruppengrößen (die freilich aufgrund von Mehrfachnennungen im Vorhinein feststehen müssen ...)
- **"Lernfelder":** Nach Vorbereitung durch ein Team von LehrerInnen (nicht vom gesamten Kollegium der Schule) wird eine Vernetzung von Inhalten zweier oder mehrerer Fächer unter einem gemeinsamen Thema gestaltet; zB "Das Zeitalter der Aufklärung" in der Zusammenschau von Literatur, Kunst, Musik, Naturentdeckung, Naturwissenschaft, Philosophie und Religion.
SchülerInnen entdecken Zusammenhänge, Gleichzeitigkeiten, sie lösen sich von Denkschemata im überwinden von blockierenden "Einteilungen" und "Abgrenzungen".
- **Projektunterricht:** Ein aktueller Anlass wird zum Thema eines fächerübergreifenden Unterrichts, bei dem die SchülerInnen erkundend und forschend tätig werden und somit den Rahmen der Inhaltsbezüge und den Prozess des Lehrens und Lernens aktiv mitgestalten, wobei zum Abschluss des Projektes eine (öffentliche) Präsentation erfolgt.
Beispiel: "1992 - 500 Jahre nach 1492: Entdeckung oder Eroberung Amerikas, Entdeckung oder Vernichtung der Kulturen der Indios .... ?" - historische Studien, Quellenstudium, Begegnung mit den (alten) Kulturen Amerikas .... eine "Umkehr zur Wahrheit in der Geschichtsdarstellung ..."

- **Wahlpflichtfächer** an österreichischen Schulen: Wahl eines Lernbereiches aus mehreren Angeboten; zusätzliche Wahlpflichtfächer bieten neue Lernbereiche an, vertiefende Wahlpflichtfächer sollen zu erweitertem Wissen im Zusammenhang mit einem Unterrichtsgegenstand führen.
- **Eine Besonderheit des alternativen Unterrichts besteht an der Jugenddorf-Christophorus-Schule in Braunschweig (D)** für die Jugendlichen aus den Hochbegabtenklassen:
Der Unterricht in diesen Klassen geschieht mit forcierter Akzeleration (dh in raschem Vorgang), sodass der Jahresstoff jeweils im April abgeschlossen ist; für die weiteren sechs bis acht Wochen stehen Lernangebote (Arbeitsgruppen) zur Wahl, wobei eine vorgeschriebene Zahl von Stunden und Kursen am Ende des Schuljahres erfolgreich absolviert werden MUSS.
- **"Jahresarbeit" (an der Sir-Karl-Popper-Schule in Wien, an Schulen in Holland):** Jede(r) SchülerIn hat in jedem Schuljahr eine frei gewähltes Thema in Form einer schriftlichen Arbeit darzustellen; das Fachgebiet kann sich nach Schuljahren ändern, es kann auch immer aus demselben Unterrichtsfach entnommen sein.
Themenfindung und -ausarbeitung erfolgt in der Beratung mit einem Lehrer/einer Lehrerin; Jugendliche entdecken ihr Interessengebiet, sie suchen eigenständig Informationen und erfahren Aspekte der Erstellung einer umfangreicheren schriftlichen Arbeit.
- **"Fachbereichsarbeit"** an österreichischen Schulen, in Klassen der Oberstufe der Allgemeinbildenden höheren Schulen: Sie ist einmal zu erstellen, im Vorgang ähnlich der Jahresarbeit an holländischen Schulen.

5.3.4 Differenzierung –Innere Differenzierung, Mehrstufenklassen

Differenzierung (lat. *differentia* Verschiedenheit, Unterschied) - nach allgemeiner lexikalischer Lesart als "Unterscheidung"zu verstehen - betrifft im Bildungsbereich alle organisatorischen, didaktischen und methodischen Maßnahmen, durch die für Schüler – individuell oder in Gruppen – unterschiedliche Lernsituationen geschaffen werden.

Im pädagogischen Verständnis gilt für Differenzierungsvorhaben das Bestreben, optimale Lernmöglichkeiten für alle Kinder – und das heißt: für jedes Kind – zu schaffen:
Lernfähigkeit, Motivation, Leistungsbereitschaft, Selbstwerteinschätzung, Interesse und Begabung sind dann als Differenzierungskriterien zu nennen.

Historisch überkommene Differenzierungsformen (u.a. solche nach Schularten oder die nach Altersormen und Jahrgangsklassen) sind nicht pädagogisch begründet, wenn die

Unterscheidung der Lernzugänge für Kinder und Jugendliche aufgrund anderer Kriterien als jener der Lernfähigkeit, des Interesses und der Begabung zustande kommt.

Spätestens seit dem Zeitalter des Entstehens der reformpädagogischen Bewegungen (um 1900) sind die Mängel einer Unterrichtsführung, die an alle Schüler die gleichen Anforderungen stellt, denen sie in gleicher Zeit und unter den im Wesentlichen gleichen Bedingungen entsprechen sollen, bekannt.
Eine solche Aussage lässt bei manchen Bildungsakteuren (noch immer) den Argwohn entstehen, dass hier einseitig (und "übertrieben") vor Überforderung gewarnt werden und auf "Nivellierung" hingearbeitet werden möchte.
Indessen muss – in nicht wenigen Fällen! - Unterforderung zum Problem werden, wenn erkannt wird, dass durch Langeweile und durch den Zwang zur Unterdrückung eigener Lerninteressen und Begabungen (bis hin zu dem, was bei Winnicott als "Vortäuschung eines falschen Selbst" - um angenommen zu sein – charakterisiert wird). ein Verschütten von Lernmotivation eintritt (und zu aggressiven Verhaltensweisen gegen sich selbst oder gegen andere führen kann).
In diesem Sinn – und das heißt eben auch "im Interesse des Kindes" nach den Intentionen der Reformpädagogik – nehmen schulische Unternehmungen zur Begabtenförderung Bezug auf kreative Modelle der Differenzierung, weil nur so die individuellen Fähigkeiten erfahren und an Leistungsprofilen sichtbar gemacht werden können (was zur Bestätigung des eigenen Selbst bedeutsam ist):

Mit Bezug auf die Lernorganisation kann zwischen äußerer und innerer Differenzierung unterschieden werden:
Äußere Differenzierung ist dann gegeben, wenn Schülerpopulationen nach bestimmten Gliederungs- oder Auswahlkriterien aufgeteilt werden (bzw. "aufgeteilt sind") und *in räumlicher Trennung von verschiedenen Personen in der Orientierung auf unterschiedliche Bildungsziele und -inhalte unterrichtet werden.*
Innere Differenzierung erfolgt *durch Schaffung unterschiedlicher Lernsituationen innerhalb der Klassengemeinschaft*; diese werden von Lehrpersonen geplant oder von den Schülern selbst aufgrund der Auswahl von Arbeiten nach Interessensgebieten oder vorgegebenen Aufgabenstellungen gebildet.

Äußere und innere Differenzierung schließen einander nicht aus: Innerhalb jeder Form einer äußeren Differenzierung können – individuell oder gruppenweise – unterschiedliche Lernsituationen geplant und durchgeführt werden.
Mit **"flexibler Differenzierung"** ist jene Variation der Lernorganisationsformen und der Beteiligung von Schülern an Leistungs- oder Interessengruppierungen gemeint, die den höchsten Standard individueller Lernförderung kennzeichnet.

Für alle Unternehmungen zur Differenzierung gilt, dass die Handhabung unterschiedlicher Lernorganisation eben auch – aus der Erfahrung der praktischen Durchführung - gelernt werden muss; und das gilt für beide Seiten, für Lehrende und Lernende.

Es wäre ein Irrtum anzunehmen, dass Schüler "auf Anhieb" fähig sein könnten, in unterschiedlichen Lernsituationen zu arbeiten; und es wäre falsch, die Unternehmungen nach einem ersten nicht sehr glücklich und erfolgreich verlaufenen Versuch ein für allemal für beendet zu erklären.
Auch Lehrende selbst sind darauf angewiesen, aus der Reflexion ihrer Praxis "zu lernen".
(Es ist wie beim Schifahren und Schwimmen: Würde man nach ersten Versuchen aufgeben, wäre die Chance des Erwerbs einer möglichen Meisterschaft vertan.)

Zu besonderen Hoffnungsträgern im Hinblick auf optimale Lernförderung und zugleich Wahrnehmung der Interessen von Kindern und Jugendlichen zählen heute Lehrerinnen und Lehrer, die **"Offene Lernformen"** zu planen und durchzuführen verstehen.
Wir finden sie in allen Schularten und Unterrichtsbereichen – auch in Oberstufenklassen und auch im Mathematikunterricht und auch im Unterricht der naturwissenschaftlichen Fächer!

Sie sind die Pioniere in der Wegbereitung des pädagogischen Expertentums für Begabtenförderung, weil sie nicht nur die Endergebnisse schulischer Leistungen (in Form von Noten und Zensuren) kennen, sondern aufgrund ihrer Beobachtungen und ihrer individuellen Lernhilfeleistungen den Zugang zu wesentlichen *Kriterien der Identifikation von Begabten* gewinnen – zum *Erkennen der Aneignungsfähigkeit, der Leistungszuversicht und des Selbstwertgefühls der einzelnen Schülerpersönlichkeit.*

Mehrstufenklassen sind im Bereich der Grundschule entwickelt worden: Durch die in mehreren Jahren hintereinander erfolgende Aufnahme von Kindern im Stadium des Schuleintritts entsteht eine "Klasse, in der zwei bis vier Lernstufen (vormals: Schulstufen)" existieren.
Der Übergang eines begabten Kindes in eine höhere Lernstufe (der nur bei Fixierung der Intelligenzentwicklung nach der Altersnorm mit "vorzeitiger Aufnahme" etikettiert werden kann) erfolgt "natürlich fließend".
Die Einrichtung von Mehrstufenklassen bedeutet nicht – manche meinen das in historischer Befangenheit - Rückkehr zu einem Abteilungsunterricht; es wird nicht nach Abteilungen unterrichtet, sondern sozial individualisierend.

Vom Modell der Mehrstufenklassen sind Organisationsgrundlagen für **Kurssysteme** herleitbar:
Die Auffassung von einer Organisation nach **Lernstufen** (an Stelle von Schulstufen) ist dafür erforderlich. Schulische Organisation im Interesse der Allgemeinbildung steht dem nicht unbedingt entgegen.
Die im vorigen Abschnitt genannten Unternehmungen, die sich als "Ateliers" deklarieren, können Entwicklungsschritte setzen.

5.4 Identifikation von Begabungen durch Lehrerinnen und Lehrer aufgrund der Beobachtung des Lernverhaltens im Zusammenhang mit "Offenen Lernformen"

An die Schule – an Lehrerinnen und Lehrer – wird die Forderung herangebracht, begabte und hoch begabte Kinder und Jugendliche als solche erkennen und identifizieren zu können.

Lehrer gehen in überwiegenden Maße davon aus, dass die Schulleistungen und daher die Schulnoten auch ein „Zeugnis" für das Vorhandensein oder Nicht-Vorhandensein von Begabung sein müsste.

Das Problem der so genannten **„Underachiever"** – das sind SchülerInnen, deren schulische Leistungen geringer sind als es ihrem Talent entsprechen würde - macht allerdings darauf aufmerksam, dass Begabung als „Fähigkeit" nicht durchgängig von den Schulnoten her identifiziert werden kann.

LehrerInnen müssten daher in die Lage versetzt werden, **durch eine geeignete Unterrichtsmethode mehr Einblick** in die den schulischen Leistungen **vorausliegenden Fähigkeiten** zu erhalten.

Die Methode der **Anwendung des Offenen Lernens, gepaart mit einer gründlichen Schulung zur Beobachtung in allen Lernsituationen**, könnte hier einiges dazu beitragen, LehrerInnen zu einer qualifizierten Identifikation zu befähigen.

Lehrer sehen die Identifikation von Begabten ausschließlich in der Kompetenz von Psychologen - und die ist in der Testdurchführung auch unverzichtbar – , sie sehen diese Kompetenz aber überhaupt als eine psychologische und nicht als eine a u c h pädagogische!

Identifikation wird daher als außerschulische Angelegenheit verstanden und mit den üblichen standespolitischen Ressentiments bedacht – weniger öffentlich, dafür umso direkter „unter vorgehaltener Hand".

Daher besteht Fremdheit zwischen denen, die eigentlich Partner sein sollten; sie wird noch dadurch verstärkt, dass nach einem „psychologischen" Test, der einem Schüler Hochbegabung attestiert, erst recht die Frage „im Schul-Raum steht": Was soll ich jetzt „mit dem" anfangen??

Freilich ist „Identifikation" ein Befund, der Konsequenzen nach sich zieht. Lehrer sollen nicht Tests durchführen lernen; sie sollen aber ein Bewusstsein dafür entwickeln, dass sie auch in dieser Angelegenheit nicht aus dem Selbstverständnis von handelnden und entscheidenden Personen entlassen werden können, dass sie Partner der wissenschaftlichen Erhebung sein müssen

Dazu ist wohl auch Kritik eines sich verselbständigenden Wissenschaftsbetriebes und eines unprofessionellen Umganges mit Lehrern angebracht.

5.4.1 Kritische Impulse aus Untersuchungen – Hochbegabte Underachiever werden in der Schule nicht (als solche) erkannt!?

In einer Untersuchung von **Detlef Rost und Petra Hanses (1997**: Wer nichts leistet, ist nicht begabt? Zur Identifikation hoch begabter Underachiever durch Lehrkräfte) wird Pessimismus gegenüber LehrerInnen zum Ausdruck gebracht.

Die Intention der Untersuchung besteht in der folgenden Frage: **Können Hoch begabte – unabhängig von ihrer Schulleistung – von Lehrkräften identifiziert werden?**
Am Beginn der Untersuchung wird die Vermutung ausgesprochen, dass Lehrerurteile extrem abhängig von Schulleistungsnoten seien. Zugleich wird vermerkt, dass eine Diskrepanz zwischen individuellen Fähigkeiten (nach dem Intelligenztest festgestellt) und schulischen Leistungen (nach dem Notendurchschnitt festgestellt) vorfindbar ist, dass also Underachievment angenommen werden müsste.

Die Untersuchung des Marburger Hochbegabtenprojekts, die hier mit Bezug auf den Artikel „Wer nichts leist, ist nicht begabt? Zur Identifikation hochbegabter Underachiever durch Lehrkräfte" (Rost & Hanses 1997) zitiert wird, geht schon im Ansatz von einem solchen Rollenverständnis aus, indem „untersucht wird, ob Lehrkräfte Hochbegabte unabhängig von deren Schulleistung identifizieren können", wobei „der Vergleich der Intelligenztestwerte mit dem Urteil der Lehrkräfte" als Grundmuster/Paradigma der Rechtfertigung gilt und jener für diese als Normbezug erachtet wird.
Es wird dabei auf andere Studien zurückgegriffen, die ohnehin bereits eine „extreme Diskrepanz zwischen Begabung und Leistung" feststellen lassen haben; bekannte Unternehmungen zur Abhilfe - z.B. ein spezifisches Screeningverfahren betreffs Underachievement oder ein spezielles Identifikationstraining für Lehrer, von dem Gear berichtet - werden verworfen, da offensichtlich keine höhere Effektivität im Erkennen von Underachievern zu verzeichnen gewesen war.
Die Schlussfolgerung aus der Untersuchung lautet denn auch allgemein unbefriedigend: „Die Erfahrungen, die im Rahmen des Marburger Hochbegabtenprojekts mit Lehrernomination begabungsrelevanter Verhaltensmerkmale gewonnen wurden, stimmen eher skeptisch." (S. 175 mit Bezug auf Wild 1991, S. 118 – 126).

Eine übersichtliche Kurzdarstellung der Untersuchung und ihrer Ergebnisse soll hier zuerst geboten werden:
Im **„Marburger Projekt" (Rost & Hanses)** wurden 7023 Kinder untersucht,
151 Hochintelligente (IQ 135 und höher) wurden identifiziert, 86 Knaben und 65 Mädchen.
„Hochbegabung" wurde in der Untersuchung definiert als „umfassende intellektuelle Leistungsfähigkeit im Sinne eines Potentials.
LehrerInnen sollten die Kompetenzbereiche der Kinder einschätzen – zwischen „extrem schwach" – und – „exzellent".

Als „Underachiever" (17 Kinder) galten SchülerInnen, die aufgrund der Testergebnisse als hoch begabt ausgewiesen waren, deren Notendurchschnitt jedoch nicht besser war als der von durchschnittlich Begabten (solchen mit IQ 102)

Ergebnisse
Hochbegabte Achiever werden von Lehrkräften umso öfter richtig erkannt je höher die Nominierungsquote angesetzt wird:
Bei 4 - 8% Nominierung werden 41 - 57% der hochbegabten Achiever erkannt,
bei 16 - 24% 83 - 92% der hochbegabten Achiever erkannt,
bei 44% 100%

Weit darunter liegt die Zahl der Entdeckung von Hochbegabung bei Underachievement:
Um 90% der hoch begabten Underachiever zu verifizieren, müsste den Lehrkräften erlaubt werden, 2/3 aller Schüler als hoch begabt benennen zu dürfen.
Damit wäre aber Hochbegabungsscreening ad absurdum geführt.
Die Autoren weisen auf die Abhängigkeit der Effektivität des Lehrerurteils von Schulleistung und Nominierungsquote hin.
Notendurchschnitt „1" und Nominierung 4% : 66% der Hochbegabten verifiziert
„1" und Nom. 16% : 100%
Notendurchschnitt „2" und Nom. 4% : 20%
„2" und Nom. 16% : 70%
Notendurchschnitt „2"-„4" und Nom. 4% : keiner
„2"-„4" und Nom. 16% : 12%
„2"-„4" und Nom. 32% : 48%

Diskussion - dh: Resümee von Detlef Rost & Petra Hanses:
(1) **Identifikation von Hochbegabten mit überdurchschnittlichen Schulleistungen gelingt Lehrern einigermaßen.**
(2) Identifikation von Hochbegabten mit durchschnittlichen oder niedrigen Schulleistungen gelingt nicht - ist "negativ falsch": **Mehr als 2/3 der hoch begabten Underachiever werden nicht erkannt.**

Rost & Hanses meinen,
dass Lehrer die Performanz stärker gewichten als das Potential, dass testdiagnostisches Vorgehen unverzichtbar ist (Heller), dass weiterführende Studien notwendig sind, dass aufgrund der Erfahrungen des Marburger Projektes Skepsis gegenüber Lehrernomination angebracht sei.

Dazu ist Folgendes kritisch anzumerken:
Rost & Hanses argumentieren nur von der Testpsychologie her! Pädagogische/unterrichtsmethodische Erkenntniswege, Lerntestverfahren, Lernfähigkeitsbeobachtungen sind möglich!

Lehrern kann in ihrem Unterricht die Sichtweise auf Potentiale durch sie selbst (im Offenen Unterricht - mit Beobachtungskriterien) zugänglich gemacht werden!

5.4.2 Beobachtung des Lernverhaltens: Identifikation von Begabten durch Lehrerinnen und Lehrer

Diese Studie und die genannten resümierten Ergebnisse stellen somit eine Herausforderung und einen Impuls für eine andere Logik der Identifikationsanforderungen dar.

Die Frage ist: Wie lassen sich Verhaltensweisen für das Erkennen der „hinter" oder jenseits von Schulleistungen liegenden Potentiale, die ja nach zitierter Ansicht in Testkriterien gesichert enthalten sein sollen, i m Unterricht beobachten ? – genauer gesagt: in einem Unterricht, der von der Methode und von der Sozialform her so angelegt ist, dass ein solches Beobachten n ö g l i c h wird?

Wiewohl es, wie Hany anmerkt, noch kein ausgefeiltes Beobachtungssystem gibt (Hany 1995), sind Checklisten von Merkmalen begabter Kinder hilfreich.
Von den unterschiedlichen Checklisten, die es gibt, sind solche auszuwählen, die sowohl einen wissenschaftlich fundierten Hintergrund wie auch den der erprobten Praxis nachweisen können. Und aus der Erfahrung in der Arbeit mit Lehrern sei angefügt, dass es untersagt sein muss, sich auf e i n e Liste festzulegen und danach abzuhaken.
Die unterschiedlichen Theorien und Konzepte, die solchen Listen naturgemäß zugrunde liegen, müssen erklärt werden; danach ist aber die Vielfalt der Denkansätze als bereichernd anzusehen. Die Kriterien sind gleichsam zu „internalisieren" und sozusagen „auswendig" im Gang der Beobachtung anzuwenden.

Hany betont, dass „in jedem Fall die langfristige und systematische Beobachtung" jedes einzelnen Kindes wichtig ist.
Die pädagogisch gedachte Definition von Heinrich Roth, nach der ein Begriff von „Begabung" besser in einer Prozessbedeutung denn anders zu interpretieren sei hat auch ein Verständnis des Begabens durch die Aufmerksamkeit im Vorgehen der Beobachtungen grundgelegt.

„Offenes Lernen" und „CPM"
Offenes Lernen und CPM stellen nun solche Methoden der Unterrichtsführung dar; sie verschaffen dem Lehrer die Grundvoraussetzung: Verhaltensweisen beim Lernen beobachten zu können, das Lernverhalten des Kindes und Jugendlichen im Einzelnen und oft mit überraschenden Effekten zu sehen und die nach Sternberg so entscheidende Qualität der Aneignungsfähigkeit (die auch Guthke im Lerntestverfahren nennt) zu erkennen.

„Offenes Lernen" oder „Offener Unterricht" ist eine Form der Unterrichtsführung, bei der die Schüler
nach einem vorgegebenen Arbeitsplan mit Aufgabenstellungen und Zielangaben unter Verwendung der dazu vorbereiteten Materialien und Versuchsanordnungen eigenverantwortlich/selbstverantwortlich arbeiten,
wobei – nach Vorgabe des Programms - Pflicht- und Wahlbereiche vorgesehen sind, Sozialformen dazu als Einzel- , Partner- oder Team- und Gruppenarbeit gekennzeichnet erscheinen und die Überprüfung der Aufgabenerfüllung durch Lehrerkontrolle oder auch durch Selbstkontrolle (anhand einer Lösungsrückmeldung aus den Lernmaterialien selbst) erfolgt und
die Organisation des Lernvorganges und der Zeitplanung wesentlich dem Schüler überantwortet wird.

Mit der Propagierung und Befürwortung dieser Form der Unterrichtsführung sind Erwartungen bezüglich der Entdeckung und Selbst-Entdeckung von Fähigkeiten und auch der Vermittlung von Qualifikationen verbunden, die folgendermaßen beschrieben werden:

Der Schüler ist dazu verhalten,
sich aufgrund der Programmvorgabe einen Überblick über die innerhalb einer bestimmten Zeit zu erledigenden Aufgaben und über die dazu vorhandenen Lernmaterialien zu verschaffen,
Entscheidungen betreffs der Auswahl der Aufgaben nach Pflicht- und Wahlbereichen zu treffen, die Zeit zur Bewältigung der Aufgaben mit zu kalkulieren und dabei Einzel- , Partner- und Gruppenaktivität zu beachten,
bei auftretenden Schwierigkeiten nicht sofort den Lehrer zu befragen, sondern zunächst die Anleitungen nochmals zu studieren und einen Lösungsweg in Kooperation mit anderen Schülern bzw. in der Gruppe zu suchen.

Begabungsförderung besteht u.a. auch darin, die Möglichkeit zu haben, unbemerkt (!!) Fehler machen zu dürfen und daraus lernen zu können.
Wir alle lernen ungemein viel aus Fehlern (über die nur wir selbst Bescheid wissen); und wie würde es uns selbst gehen, wenn bei unserem Tun und Lassen in Lernsituationen ständig jemand da wäre, der dieses und jenes korrigierend monierte?

Diese Anforderungen, zu deren Entsprechung beim Schüler ein Lernprozess in der fortschreitenden Befassung mit *Offenem Lernen* anzunehmen ist, sollen
einerseits den Schüler Erfahrungen betreffs Selbstorganisation, Entscheidungsfähigkeit und Handhabung von Zeitmanagement, Teamfähigkeit, selbstverantwortete Verpflichtung und Selbstverantwortung für das Lernen und den Lernfortschritt erwerben lassen,
andererseits den Lehrer die individuell unterschiedlichen Voraussetzungen und die Aneignungsfähigkeit dazu erkennen lassen.

Der Lehrer ist dazu veranlasst,
sich die Planung der Anforderungen in der Unterrichtseinheit nach didaktischen Kriterien bewusst zu machen und
seine Aufgabe in der Beobachtung des Verhaltens der Schüler hinsichtlich der vorhin genannten Qualifikationen zu sehen
und damit Kenntnis von dem zu gewinnen, was ihm als Grundvoraussetzung für die Identifikation von Begabungen zusätzlich und zugleich in deutlicher Abhebung von schulischer Leistung dienen kann, nämlich die Art der Lernbereitschaft und Planungskompetenz, des Aufgabenengagements, der Ausdauer und Konzentration bei Lösungsanforderungen, der Problemlösungsfähigkeit, der Stressbewältigung hinsichtlich der Zeitkalkulation und der Befähigung zum Erkennen der Selbstverantwortung für das Lernen.

In der Beobachtung des messbaren Lernverhaltens und der Kontrolle der Leistung nach Pflicht- und Wahlbereichen wird eher nicht das Lerntempo, sondern die Fähigkeit zur Selbst-Organisation erkennbar.
Offenes Lernen ist keine Dauereinrichtung an Schulen, es wird zunächst bloß als Anlass zur Ermittlung anderer Lernerfahrungen gesehen.

Eine sehr ähnliche und bezüglich der Selbst-Entdeckung bzw. der Beobachtung von Fähigkeiten durch den Lehrer fast gleiche Konzeption liegt bei „CPM – College Preparatory Mathematics" vor.
Das Programm ist an der University of California (unter der Leitung von Tom Sallee) in Kooperationmit Lehrern an Schulen in Kalifornien für den Mathematikunterricht entwickelt, in Versuchsphasen erprobt und danach modifiziert worden.
Die Aufnahme der Methode „CPM" erfolgte im Rahmen des Studienaufenthaltes von Dr. Eva Sattlberger in Kalifornien. Sie hat im Rahmen ihrer Dissertation Vergleichsanalysen zwischen Offenem Lernen und CPM durchgeführt

CPM ist – wie der Name anzeigt – eine Methode im Unterricht für Mathematik. Es geht dabei aber nicht einfach um den Aspekt, den man mit „Verbesserung oder Effektuierung des Mathematikunterrichts" umschreiben könnte.
Das Konzept ist in den Aufgabenstellungen daraufhin angelegt, neben fachlichen Aspekten die kreativen Fähigkeiten und die Entsprechung zu den Anforderungen des „task commitment" erkennen zu lassen:

Es stellt die Schüler vor komplexe Problemlösungsanforderungen und gibt Anleitungen, um mathematische Gesetzlichkeiten selbst finden („erfinden") zu lassen; und ebenso wie beim Offenen Lernen ist Zeitplanung und Teamarbeit im Sinne eigenverantwortetem Lernen dem Schüler aufgetragen. Und das geschieht in einer sehr gut überlegten Einführung vor dem Mathematik-Programm und vor den einzelnen „units".
CPM liegt dem Schüler in Buchform vor, er befasst sich mit den Aufgabenstellungen anhand des Buches gemeinsam mit anderen in Partner- oder Gruppenarbeit.

Unterschiede zwischen Offenem Lernen und CPM (wenn man nun beide Konzepte für den Mathematikunterricht anwendet) bestehen somit bezüglich der Erwartung und Annahme des Sichtbarwerdens der vorhin genannten Qualitäten und Beobachtungsmöglichkeiten, die der Identifikation von Begabungen in Ergänzung zu den schulischen Leistungen dienen sollen, nicht.
Differenzierungen können in der Anwendung darin zum Tragen kommen, dass Offenes Lernen mehr in der Orientierung zu ganzheitlichem Lernen besteht, dass es von der Anlage her problemloser fächerübgreifend gestaltet werden kann und – für bestimmte Unternehmungen, losgelöst von jeder üblichen Fach- oder Gegenstandszuteilung – dazu geeignet ist, kreative Unternehmungen anzuregen. (Eine Unterrichtseinheit mit dem Thema „Meereswellen" war dazu an einer Schule ein Beispiel und ein Erlebnis!)

CPM bietet im Vergleich zum Offenen Lernen mit der Anleitung zu entdeckendem Lernen den Vorteil höherer Stringenz.
Beispielsweise ist die Anleitung zum Erstellen von Gleichungen oder zum „Auffinden" des Pythagoräischen Lehrsatzes im Vollzug der nach dem Buch gegeben Schritte in gewissem Maße zwingend; wenn das als Vorteil gesehen werden darf, dann ist auf die möglichen „Verirrungen" der Weitläufigkeit im Offenen Lernen hinzuweisen.

5.4.3 Beispiele zum Offenen Lernen – Kriterien der Beobachtung des Lernverhaltens

Didaktische Überlegungen zur Begabtenförderung lassen Konzepte einer „Transformation des Unterrichts" als Zukunftshoffnung für Begabtenförderung erscheinen:
vom Methodenmonismus (von „Monokultur") **zu Methodenvariation und Methodenvielfalt,**
von Gleichhaltung (Gleichschaltung) **zu Individualisierung und (innerer) Differenzierung,**
von lehrergeleitetem Unterricht **zu selbstorganisiertem Lernen.**

Wenn Didaktik mit „Lehrkunst" übersetzt werden darf (schon Comenius, 1592 –1670, tat es so) dann gilt es vor allem in diesem Zusammenhang und als Prädikat für jene LehrerInnen, die Unterricht so zu gestalten verstehen.
Es sind die intelligenten, fröhlichen, verständnisbereiten , leistungsfordernden und deshalb von ihren SchülerInnen anerkannten und persönlich geschätzten – die „begabend" wirksamen Lehrerinnen und Lehrer.

Lehr- und Lernorganisation unter dieser Devise erfordert Planungskompetenz und selbstsicheres Verfügen über den „Stoff"; Verständnis, Bereitschaft und
Durch eine besondere Initiative des Pädagogischen Institutes der Stadt Wien sind an zahlreichen Wiener Schulen (AHS) Unternehmungen zur Entwicklung „Offener Lernformen" entstanden.
Die „Lernwerkstatt" des Pädagogischen Institutes der Stadt Wien bietet hiezu Beratung an.
Ein **Unterrichtsbeispiel** – BRG 1080 Wien, Feldgasse 8, Klasse 3a, Mag. Elisabeth Schatz – zur Veranschaulichung angeführt werden.

Das hier angeführte Arbeitsblatt erhält jede Schülerin/jeder Schüler zu Beginn der Unterrichtsstunde:

„Laufdiktat": Schreibe in die Literaturmappe!	↑	SK	☺
„Der Handschuh" (Friedrich Schiller) Lies die Ballade mindestens zweimal genau durch und beantworte die beiliegenden Fragen! Schreib ins Schulübungsheft und kontrolliere mit dem Kontrollblatt!	↑	SK	☺☺☺
Zeichne eine Bildfolge zur Ballade „Der Handschuh" auf ein Blatt! Vergleiche mit der Bildfolge-Vorlage. Gib die Zeichnung ab!	✷	LK	☺
Vergleiche das Gedicht „Im Winter" mit der Ballade „Der Handschuh": Was fällt dir auf? Notiere deine Einfälle auf dem Plakat an der Tafel!	✷	LK	☺☺☺
Hör dir die Kassette/Seite A an! Was ist ein Gedicht, was eine Ballade? Schreib ins SÜ-Heft und kontrolliere dann mit dem Kontrollblatt!	↑	SK	☺
Beschäftigt euch mit dem „Spiel zur Lyrik". Einigt euch auf die Spielregeln (Frage richtig – dreimal vor; Frage falsch - dreimal zurück?)	✷	SK	☺-☺-☺
„Der Zauberlehrling" (J. W. Goethe) Lies die Ballade mindestens zweimal genau durch! Beschreibe die Handlung und die Gefühle der Personen auf die rote Folie; kontrolliere durch Anheben der Folie!	↑	SK	☺ ☺-☺
Zeichne ein Bild zum „Zauberlehrling" auf einem Blatt. Vergleiche mit der Bildvorlage. Gib die Zeichnung ab!	✷	LK	☺
Geräuschspiel Erkennst du was in den Dosen ist? Stecke die Kluppen zur richtigen Antwort; kontrolliere auf der Rückseite!	✷	SK	☺-☺-☺
Hör dir die Kassette/Seite B an und bearbeite anschließend das Arbeitsblatt im „Nagelbrett". Kontrolliere durch Umdrehen des Blattes.	↑	SK	☺

Erklärungen zu diesem Arbeitsblatt:
(1) Die Reihenfolge, in der die Arbeitsanweisungen aufgenommen bzw. die Arbeiten erledigt werden, steht dem Schüler frei zu. Er kann daher selbst entscheiden, welche Aufgabe er zuerst erfüllt, welche später; er wird auch die Erfahrung gewinnen, dass er mit der vorgegebenen Zeit „Haus halten" muss.
Selbstorganisation und Entscheidungskompetenz sind als Anforderungen bzw. als Kriterien eines Lernprozesses, der in offenen Lernformen in Gang gesetzt wird, zu nennen.
(2) Die Spalte mit Pfeilen und Sternen bedeutet, dass Arbeitsanweisungen als **Pflicht-** (↑) und als **Wahlbereiche** (✱) ausgegeben werden.
Manche Schüler werden in der vorgegebenen Zeit vielleicht nur die Pflichtbereiche erledigen; manche werden vielleicht einige Wahlbereiche mit bearbeiten, mache werden das gesamte Programm erfüllen.
Der Lehrer/die Lehrerin ist also in der Lage, **unterschiedliche Leistungen** feststellen zu können - **ohne** dass in der Klasse eine auffallende **Selektion** stattfindet.
Differenzierung nach Leistungsvermögen ist auf diese Weise möglich.
Beim Durchgang durch die Klasse und in der Beobachtung der individuellen Schülerarbeit – der Geschwindigkeit oder Langsamkeit, der leichten oder schwierigen Erledigung der einzelnen Arbeitsanweisungen – wird der Lehrer helfend und beratend tätig sein können, dh einen anderen Stil der Unterrichtsführung verwirklichen können.
An die Stelle eines lehrergeleiteten tritt hier ein *lehrerbegleitender* Unterricht.
Für die SchülerInnen selbst ist weit gehende Individualisierung verwirklicht.
(3) Die Spalte mit den Anmerkungen „LK" und „SK" gibt Auskunft über die Art der Lernkontrolle.
„LK" bedeutet Lehrerkontrolle, dh Überprüfung der Arbeiten durch den Lehrer.
„SK" bedeutet Selbstkontrolle (!!); Selbstkontrolle erfolgt in vielen Fällen durch besondere Lernmaterialien, bei denen nach Vorgabe der richtigen Antworten und Einlage entsprechender Plättchen ein Muster zu Stande kommt, das eindeutig – und in Form eines „Feedback" – die Richtigkeit der Lösung aufzeigt.
Die Erfahrung der Möglichkeit von nicht-lehrerabhängigen Überprüfungen und Kontrollen ist damit gegeben.
(4) Die Spalte mit den „Smilies" stellt dem Schüler **unterschiedliche soziale Arbeitsformen** vor:
☺ bedeutet **Einzelarbeit** (jeder für sich in der Beschäftigung mit einem Thema)
☺ ☺ ☺ bedeutet **Einzelarbeit mehrerer Schüler** zum gleichen Thema
☺ ☺-☺ bedeutet **Partnerarbeit** mit Beobachtung eines dritten Schüler
☺-☺-☺ bedeutet **Gruppenarbeit**
Offene Lernformen sind dazu geeignet, unterschiedliche Sozialformen in Erfahrung bringen zu lassen.

Nach diesen Erklärungen können allgemeine Kriterien für Offene Lernformen – für Offenes Lernen – festgehalten werden:
Offenes Lernen ist die Bezeichnung für eine Unterrichtsform, bei der nicht zur gleichen Zeit von allen das Gleiche nach derselben Methode gelernt werden muss.
Offenes Lernen ist die Bezeichnung für eine Unterrichtsform, bei der die SchülerInnen in selbstverantwortlicher Planung und Zeitorganisation die vorgegebenen Lernziele nach unterschiedlichem individuellem Verfahren erreichen können.

Die Arbeitsanweisungen stellen **Wahl- und Entscheidungssituationen** vor
- bezüglich der Reihenfolge
- betreffs der Pflicht- und Wahlbereichen
- bezüglich der Kontrolle der Arbeiten
- mit Bezug auf Sozialformen

Es erfolgt **Binnendifferenzierung (Innere Differenzierung)** und **Individualisierung** des Unterrichts.
Eine **anregende Lernumgebung** wird zur Verfügung gestellt: Durch die Materialien werden mehrere Sinne angesprochen.
Die Lernmaterialien können jeweils von einem bestimmten Platz in der Klasse (oder von mehreren Plätzen)abgeholt werden („Lernbuffet").
Es kann auch ein „Stationenbetrieb" durchgeführt werden: an bestimmten Stellen in der Klasse werden die dort aufliegenden Arbeitsanweisungen aufgenommen und die dazugehörigen Lernmaterialien verwendet; die Arbeit wird dort durchgeführt.
Offenes Lernen ist „Unterricht in Bewegung".

Ein Beispiel zum Offenen Lernen aus dem Unterrichtsfach Mathematik soll zur weiteren Veranschaulichung und „Ernst-Wahrnehmung" beitragen:
GRG 6, Rahlgasse 4, 7. Klasse, Mag. Karin Lobner (Pick, M. & Novak, E., 1999):

Lernziel	Buch S./Bsp.	Pflicht Wahl	Kontrolle	SK	LK
Ich kann selbstständig die Verbesserung der Schularbeit durchführen.		↑	Lösungsbl. 0		
Die Ellipse					
Ich kann die Gleichung eine Ellipse in 1. und 2. Hauptlage erkennen	S. 172	↑	s. Buch		
Ich kann die Ellipse definieren in 1. Hauptlage skizzieren.	S. 173	↑	s. Buch		
Ich kann die Gleichung eine Ellipse in 1. oder 2. Hauptlage aufstellen und die Koordinaten der Scheitel- und Brennpunkte bestimmen.	620/(1/2)a – h) 621/(1/2)a – d)	✱	Lösungsbl. 1		
Ich kann zwei Gleichungen mit 2 Unbekannten aufstellen und anschließend die quadratische Gleichung lösen.	622/(1/2)a – d)	✱	Lösungsbl. 2/3		

Ich kann die Ell-Gleichungen in der Praxis anwenden.	625/a – h)	✷	Lösungsbl. 4/5		
Ich kann mich auf das Kapitel der Extremwertaufgaben vorbereiten.	635/a – d)	✷	Lösungsbl. 6/7		
Ich kann die Koordinanten jeder Punkte berechnen, deren Brennstrecken aufeinander normal stehen.	637/a u. b)	✷	Lösungsbl. 8/9		
Die Hyperbel					
Ich kann die Gleichung einer Hyp in 1. und 2. Hauptlage erkennen.	S. 179 f.	↑	s. Buch		
Ich kann die Hyperbel definieren in 1. Hauptlage skizzieren.	S 178	↑	s. Buch		
Ich kann die Gleichung einer Hyp in 1. o der 2. Hauptlage aufstellen.	645/a – h) 646/ a – d)	✷	Lösungsbl. 10		
Ich kann aus der Hyp-Gleichung Haupt- u. Nebenachse berechnen.	647/(1)a – h)	✷	Lösungsbl. 11		
Ich kann die Hyp-Gleichung berechnen, wenn die Asymptoten und ein Punkt X gegeben sind.	660/a – d)	✷	Lösungsbl. 11-13		
Ich kann zwischen Hyp- und Ell-Gleichung unterscheiden.	663/a)b)e – h)	✷	Lösungsbl. 13		
Die Parabel					
Ich kann die Gleichung einer Parabel in 1. – 4. Hauptlage erkennen.	S. 183 f.	↑	s. Buch		
Ich kann eine par definieren und in 1. Hauptlage skizzieren.	S. 182	↑	s. Buch		
Ich kann die Gleichung eine par in 1.-4. Hauptlage aufstellen.	664/a – d) ohne 665/a – d) (3) 666/a – d) 667/a – d)	✷	Lösungsbl. 14		
Ich kann die Par-Gleichung in der Praxis anwenden.	675/a – e)	✷	Lösungsbl. 14-16		

5.5 Das Überspringen von Schulstufen - die Überwindung des starren Alters- und Jahrgangsklassenprinzips

Besonders befähigte Kinder und Jugendliche sollen nicht dazu verpflichtet – gezwungen - werden, Schul j a h r e nach Maßgabe des "Kalenderalters" abzusitzen"!
Sie sollen aufgrund ihres geistigen und körperlichen Entwicklungsstandes die Möglichkeit erhalten, Wissen und Bildung in der Schule ihrer Entwicklung entsprechend erwerben und "Schule" auch in kürzerer Zeit abschließen zu können.
Nirgendwo sonst in Berufen wird Wissen und Können nach dem Alter klassifiziert.

5.5.1 Überspringen – Wahrnehmung des Menschenrechtes auf individuelle Begabungsentwicklung

Werden besonders Befähigte zurückgehalten, so tritt Unterforderung auf, in weiterer Folge "Abschalten", Fadesse, Minderleistung und Schulversagen.
Das Phänomen des "Underachievers", des Schülers, der aufgrund von Testergebnissen als hoch begabt erscheint, in der Schule aber einen bloß durchschnittlichen oder sogar unterdurchschnittlichen Standard aufweist, ist bekannt.
Das Schicksal des "intelligenten Schulversagers", dessen Interessen so verkannt werden, dass er an seiner Umgebung zerbricht, muss aufgezeigt werden.

Das Überspringen von Jahrgangsklassen bedeutet daher nicht "Verkürzung von Kindheit und Jugend"; es bedeutet vielmehr die Wahrnehmung des Menschenrechtes auf individuelle Entwicklung.
(Würde man denn einem Kind, das früher als andere sprechen lernt, das Reden mit dem Hinweis auf sein "noch nicht entsprechendes Alter" verbieten wollen ?
Würde man einem Jugendlichen, der schneller laufen kann, Fesseln anlegen, damit er "altersgemäß – so wie die anderen" läuft?

Mit der **Novelle des Jahres 1998 zum Schulunterrichtsgesetz (1974)** werden folgende neue Chancenwahrnehmungen zum rascheren Durchgang durch schulische Lernstufen ermöglicht.
Laut § 26 Abs. 3 ist "ein Überspringen je ein Mal in der Grundschule, nach der Grundschule bis einschließlich der 8. Schulstufe und nach der 8. Schulstufe zulässig."
Die entsprechenden Entscheidungsinstanzen sind festgelegt: Schulkonferenz, Abteilungskonferenz; Schulbehörde erster Instanz mit Bestellung einer Prüfungskommission und Durchführung einer Einstufungsprüfung dann, "wenn der Schüler bei einer Aufnahme in die übernächste Schulstufe jünger wäre, als der Schulstufe entspricht"

Für die Grundstufe I der Volksschule (1. und 2. Schulstufe) wird die Flexibilität erhöht, indem Schüler berechtigt sind, während des Unterrichtsjahres in die nächsthöhere oder nächstniedrigere Schulstufe zu wechseln (SCHUG, § 17 Abs. 5).

Für die Schulstufen 1 – 4 der Volksschule ist nach dem Gesetz nur vorgeschrieben, dass „die Gesamtdauer des Schulbesuches nicht weniger als drei Jahre" betragen soll. (§ 26, Abs. 1)

Das Entstehen dieses neuen Gesetzes ist auf die Wirkung einer positiv geänderten Bewusstseinslage in der Öffentlichkeit zurückzuführen.
Erziehungsberechtigte und Jugendliche selbst (!) sind daran interessiert, Intelligenz, Leistung und Können nicht nach der Zahl von Jahren bemessen zu lassen, sondern nach den individuellen Fähigkeiten.

Bisher eingeholten Interviews zeigen allerdings eine noch weithin unvorbereitete Bewusstseinslage an den Schulen.
Einzelne Erfahrungsberichte lassen nicht ausschließen, dass es an Schulen schon beim Vorbringen des Ersuchens um ein Überspringen von Jahrgangsklassen zu Fällen der Diskriminierung von begabten Kindern und Jugendlichen kommen kann.
Die Ursachen dafür liegen nicht nur in einer Unkenntnis dessen, was Begabung und Kreativität eigentlich ausmacht, viel eher in einem Mangel an Sensibilität für die emotionale und soziale Situation des begabten oder hoch begabten Kindes und Jugendlichen.
Darüber hinaus muss als besonders erschwerend bei manchen Lehrern eine Haltung gesehen werden, die in einem Verkennen der Berufsidentität dazu geführt hat, die Organisationsstruktur des Schulsystems nach Jahrgangsklassen über die Rechte des Individuums zu stellen.
In solcher Haltung wird dann ein Durchbrechen des starren Systems als Angriff gegen die eigene Person empfunden und abgewehrt.

5.5.2 Die schlechte und die gute Nachricht – in jeder Hinsicht "erstaunlich"

Zwei erstaunliche Situationslagen gehen aus den folgenden Berichten hervor:

*Der erste Text ist ein **Erfahrungsbericht** über den Vollzug der Bestimmungen des § 26 des österreichischen Schulunterrichtsgesetzes, wie er im Rahmen einer Untersuchung für eine **Hausarbeit an der Universität Wien im Jahre 1985** erstellt wurde.*
Die Bestimmungen dieses Paragraphen, der das Überspringen von Schulklassen ermöglicht, sind inzwischen durch die Gesetzesnovelle 1998 grundlegend verbessert worden; auch die Bewusstseinslage hat sich verändert.

Die Zitierung dieses Berichtes aus dem Jahre 1985 kann aber deswegen nicht als das Hervorholen eines alten Ladenhüters gesehen werden. Die hier geschilderten Probleme treten leider nach wie vor auf:
Ein tiefgelagertes (falsches) Bewusstsein lässt das "Sitzenbleiben", dh das Wiederholen einer Jahrgangsklasse, für "normal" halten, das Überspringen aber als "ungehörig" - im folgenden Protokoll sogar als "Wahnsinn" - erachten.

Die bisher eingeholten Interviews über den Umgang mit den neuen Bestimmungen des § 26, nach denen nun in der Schullaufbahn von der Grundstufe bis zur Maturaklasse ein dreimaliges Überspringen von Jahrgangsklassen ermöglicht wird, lassen ähnliche Szenarios, wie im Folgenden beschrieben, befürchten.

Zum Vollzug des § 26 - ein Erfahrungsbericht, der mehrere Fragen aufzeigt (Oswald 1994, S. 31, 32):
In ihrer Hausarbeit, die D. Gloggnitzer (1985) im Rahmen ihres Lehramtsstudiums an der Universität Wien erstellt hat, beschäftigt sie sich unter anderem mit den Erfahrungen, die Eltern, Lehrer und Schüler in der Anwendung des § 26 des österreichischen Schulunterrichtsgesetzes (der das Überspringen von Schulstufen ermöglicht) gemacht haben. Es geht dabei ausdrücklich nicht einfach um ein Plädoyer für das Überspringen von Jahrgangsklassen, sondern um den Aufweis von Einstellungen, die in der Begegnung mit begabten SchülerInnen auftreten können.
Die Autorin ist bei ihrer Untersuchung zu erstaunlichen Ergebnissen gekommen: In weiten Kreisen besteht die Einstellung, dass "so etwas" (das Überspringen) eigentlich ungehörig sei. Tüchtigkeit wird im gesellschaftlichen Leben belohnt, in der Schule kann sie offensichtlich in keinen Vorteil umgemünzt werden.
Für die Arbeit wurden einzelne interessante Interviews durchgeführt. Eine Schülerin, die eine Jahrgangsklasse überspringen konnte, berichtet u. a. folgendes:
"Ich war damals eher sehr ausgeflippt, habe einen Freund gehabt und mich hat das überhaupt nicht mehr gefreut mit der Schule. Dann war ich in der 7. und habe nicht gewusst, ob es gescheiter wäre aufzuhören oder gleich die Matura zu machen. Meine Eltern stellte ich vor die Entscheidung - entweder mache ich gleich die Matura oder ich höre auf mit der Schule."
Die Eltern der Schülerin richteten ein Ansuchen an das Bundesministerium für Unterricht und Kunst, worauf sie den Bescheid bekamen, dass ein Überspringen der 7. Klasse schon möglich wäre, dass aber alle Prüfungen in Form einer Externistenprüfung an anderen Schulen abgelegt werden müssten.
Alle Fächer mussten schriftlich und mündlich absolviert werden (auch über Turnen musste die Schülerin eine Prüfung ablegen): "Ich musste Fragebögen, Tests, Intelligenztests ausfüllen. Bei der Mitteilung der Psychologin, dieser Test sei für Mädchen besonders schwer, hab' ich mir gedacht: Na warte, der werde ich es zeigen! Das Ergebnis wollte sie mir nicht mitteilen, da müsste mein Vater kommen! Er fuhr am Nachmittag hin; die Psychologin war ganz verwirrt: So etwas hätte sie überhaupt noch nicht erlebt, ich hätte eine ausgesprochen männliche Intelligenz! - Der Test war also auf alle Fälle positiv ausgefallen. Ich habe normal die 7. Klasse fertig gemacht, habe dann aber schon parallel dazu den Stoff der 8. Klasse zu lernen begonnen. Dann bin ich zu meinen Prüfern gegangen, um zu erfahren, was sie verlangen - zum Teil haben sie andere Pläne gehabt, andere Bücher. Das war ungemein schwierig Den Sommer hindurch habe ich ziemlich intensiv gelernt. In der ersten Septemberwoche habe ich bei verschiedenen Lehrern, die in ganz Wien verstreut in verschiedenen Schulen waren, die Prüfungen gemacht. Die Lehrer fragten natürlich, warum ich das mache - die Antwort: weil mich die Schule nicht

mehr freut!, findet ein Lehrer selbstverständlich als Frontalangriff. Besonders arg war das bei der Physikprüfung: Die Professorin sagte gleich vorweg einmal, ich sei ja wahnsinnig, dass ich das mache: 'Sie können doch nicht den Stoff der ganzen achten Klasse können!?' Sehr wohl konnte ich das! Diese Prüfung war wie ein Ringkampf. Ich hab` so eine Wut auf diese Lehrerin gehabt, dass mir sogar Sachen eingefallen sind, die ich irgendwo irgendwann einmal gelesen habe. Sie hat mir dann schließlich einen Einser geben müssen! Die einzige, die mich ein bisschen gefördert hat, weil sie selber eine sehr gescheite Person war, war die Mathematik-Professorin. Sie hat mir auch ein paar Tips gegeben.

Ich muss sagen, meine Eltern hab' ich schon sehr ausgenutzt. Meine Mutter hat ein Zeit lang Physik und Chemie studiert und mich daher eher in den naturwissenschaftlichen Fächern abgeprüft, mein Vater einerseits Latein und andererseits alle humanistischen Fächer, besonders Geschichte. Das meiste habe ich aber schon alleine gelernt. Mein Vater hat mich auch moralisch unterstützt und mir viel geholfen, die Orte zu finden, wo ich die nächste Prüfung habe, Manchmal habe ich schon daran gezweifelt, ob ich es schaffen würde.

Ein Streber war ich allerdings nie - das haben selbst meine Feinde anerkennen müssen!"

Rückblickend wird vermerkt: "dass man eine Klasse überspringen kann, ist nicht nur eine Frage der Intelligenz - man muss auch energisch sein, konsequent - es ist eine Frage der Nerven."

Es bleiben zu diesem Erfahrungsbericht einige Fragen: Was geschieht mit dem begabten Schüler, mit der begabten Schülerin, der bzw. die solche "Nerven" nicht hat?- Warum sieht sich jemand, der die Schul- oder Bildungslaufbahn in kürzerer Zeit bewältigen könnte, gezwungen, gegen LehrerInnen vorgehen zu müssen? Könnte das Bildungssystem so sein, dass es ein rascheres Durchlaufen ausdrücklich honoriert? Aufgrund welcher Kriterien misst ein Test "männliche Intelligenz? Schließlich: Was lässt die (offensichtlich subjektiv sehr bedeutsam) Aussage der Schülerin erkennen, dass sie »nie eine Streberin" gewesen sei, was selbst die "Feinde" anerkennen mussten? Muss man sich für Begabtsein bzw. für besondere Leistungen entschuldigen und muss man dokumentieren, dass man sonst sicher ohnehin „ganz normal" sei?

Das positive Beispiel (Oswald 2001b, S. 67 ff), über das zu berichten ist, betrifft das „Schnupperspringen" der hochbegabten Schülerin Michaela, die – dank ihrer Lehrerin in der Volksschule -ein glückliches Kind sein darf:

Am Beispiel der Fördermaßnahmen für die Schülerin Michaela lassen sich erstaunliche außergewöhnlich positive Kooperationen zwischen Lehrerinnen und Lehrern beschreiben: sowohl schulstufen- als auch schulartenübergreifend !

Das „Schnupperspringen", die Teilnahme einer Schülerin am Unterricht einer höheren Schulstufe zum Zweck der Zuerkennung ihres Rechtes, einen „der Entwicklung entsprechenden Unterricht" zu erhalten, ist hier exemplarisch verwirklicht.

Die Förderung des hochbegabten Kindes Michaela kann als Beispiel dafür gelten, dass kreative Lehrerinnen und Lehrer im Stande sind, individuelle Schullaufbahnen zu entwerfen und in der Schulorganisation durchzusetzen.

Als Schülerin der ersten Schulstufe an einer Wiener Volksschule erlebt Michaela das Glück, eine Lehrerin zu erhalten, die ihre berufliche Aufgabe mit Intelligenz und pädagogischem Geschick - und mit begabungsfreundlichem Humor ! – erfüllt.

Die ausgesprochene Begabung Michaelas auf mehreren Gebieten – vor allem im naturwissenschaftlichen Bereich – ist offensichtlich. Sie liebt es, den Erwachsenen Begriffe und Formeln zu erklären; bisweilen stellt sie auch (in didaktischer Manier, im Vorauswissen der Antwort) fachkundige Wissensfragen.

Sie ist andererseits ein Kind mit allen Vorstellungen und Interessen eines sechsjährigen Kindes: mit dem Wunsch nach Spiel und Lachen, vor allem mit dem Bedürfnis nach Angenommensein und nach Freundschaft und Gemeinschaft mit anderen Kindern.

Sie hat auch ihre „schwachen Seiten", die sich in Form von leichter Ungeschicklichkeit, im Übersehen von „Nebensächlichkeiten" und in einer gewissen Schwierigkeit im Begreifen eines Ordnungsrahmens für das Verhalten in der Klassengemeinschaft äußern.

Es hätte leicht sein können, dass Michaela aufgrund ihres Verhaltens in vielen schulischen Situationen mit dem Vermerk „unangepasst, störend, verhaltensauffällig oder verhaltensoriginell" bedacht worden wäre.

Leicht hätte es sein können, dass sie einer anderen Lehrerin und einer anderen Klasse zugeteilt worden wäre, danach vielleicht einer anderen Schule .... „Abweisungs-karrieren", die es in dieser Art gibt, führen zu sozialer Abseits-Stellung, möglicherweise zu der im Zusammenhang mit Hochbegabtheit besonders bedenklichen Aggressivität.

Die Schülerin Michaela hat Glück: Sie kann ihre Begabungen verwirklichen und – sie darf ein Kind sein, das als solches angenommen wird.

Schon im ersten Schuljahr darf sie aufgrund besonderer Vereinbarungen ihrer Lehrerin fallweise am Unterricht einer höheren Schulstufen teilnehmen. Sie kehrt von solchen „Ausflügen", die sie mit Vergnügen unternimmt, jedes Mal wieder gerne – und wohl aufgenommen – in ihre Klasse zurück; sie nimmt dann wie alle anderen am Sachunterricht teil, sie freut sich über das Singen, und sie genießt – wie ihre MitschülerInnen – den spielerisch gestalteten Englisch-Unterricht.

Kennzeichnend für vieles in diesem Klima ist die folgende Momentaufnahme beim „Wiedereintritt" der Schülerin in ihre Klasse: Die Lehrerin fragt, wie es denn gegangen sei, ob Michaela im Physikunterricht (der Hauptschulklasse) alles verstanden habe .... Völlig ungezwungen und natürlich kommt die Antwort: „Alles habe ich noch nicht verstanden, aber beim nächsten Mal werde ich es schon wissen !"

Es ist wohl wichtig für die emotionale Befindlichkeit, dass die Schülerin nicht wortlos und ohne Bemerkung in ihre Klassengemeinschaft „eintauchen" muss:

Die emotionale Intelligenz der Lehrerin ist in Abhebung von anderen Verhaltensvarianten zu würdigen: Wenn man sich vorstellt, was in der Seele eines mitteilungsbedürftigen Kindes vor sich ginge, wenn es „nicht einmal ignoriert" würde, wenn es gar widerwillig oder mit einer geringschätzigen Bemerkung („Ah, du bist wieder da!") wieder eingelassen würde; auch wenn man sich vorstellt, das Kind würde mit übertriebener Hervorhebung vor allen anderen begrüßt – und damit zur Außenseiterin gemacht werden.

Hier besteht ein begabungsfreundliches Klima: Die Klassenlehrerin verbreitet das Gefühl der Aufmerksamkeit und Anerkennung für jedes Kind. Die Zuwendung zur Schülerin Michaela bei ihrem Eintritt mitten in einer Unterrichtseinheit wird daher weder als außergewöhnlich noch als beiläufig empfunden. Die MitschülerInnen interessieren sich für eine etwaige „Erzählung"

Michaelas so wie sie es im morgendlichen Gesprächskreis gelernt haben, sich für die „Geschichten" anderer Kinder zu interessieren.

Im Unterricht kommt es bisweilen vor, dass Michaela laut herausruft oder gar aus dem Gefühl tiefer Unterforderung heraus seufzt „Ach schon wieder! Das kann ich schon längst!"
Da die Lehrerin den Lern- und Übungsbedarf der Mehrheit in der Klasse richtig einzuschätzen weiß, andererseits aber auch das vorauseilende Tempo dieser Schülerin kennt und ihre Fähigkeit des Lernens von Rücksichtnahme auf andere (!) anzusprechen versteht, haben beide einen „Vertrag" unterzeichnet und mit Unterschrift besiegelt: Michaela verpflichtete sich darin, täglich mindestens einmal eine Arbeitsanweisung der Lehrerin ohne Widerspruch zu befolgen – auch dann, wenn ihr die Aufgabe zu leicht erscheint: „Vertrag – für einmal am Tag Arbeit, egal, ob ich will oder nicht."
Wird hier – mit „einmal am Tag" – der Beginn gesetzt für die Entwicklung eines Bewusstseins von Rücksichtnahme? Es wäre ein Schritt heraus aus der Ich-Zentriertheit angebahnt.

Der Bericht bis hierher beschreibt die Situation der Schülerin vor einigen Jahren in der ersten Schulstufe. Inzwischen ist Michaela in ihrer Schullaufbahn vorangegangen; sie hat die vierte Schulstufe übersprungen und befindet sich in der ersten Klasse einer allgemeinbildenden höheren Schule (also auf der fünften Schulstufe).
Dieser „Sprung" muss mit besonderem Bedacht wahrgenommen werden: Ein Überspringen der vierten Schulstufe wäre nach Auffassung und Gesetzes-Interpretation der Rechtsabteilung des Bundesministeriums „vom Gesetzgeber" nicht gewollt, da im Wortlaut von einem Überspringen „innerhalb einer Schulart" die Rede sei ......

Nun ist mit diesem Beispiel der Schullaufbahn für Michaela eine Vorgangsweise getätigt worden, die sich bereits als sinnvoll bestätigt hat; und die Ergebnisse der Befragung zur Handhabung des Überspringens im gesamten Bundesgebiet zeigen klar, dass Lehrer die Begabtenförderung auch in Schularten übergreifender Kooperation durchführen. Ein probeweises (inoffizielles) Teilnehmenlassen am Unterricht jener Schulstufe, die übersprungen werden soll – das „Schnupperspringen" - wird zur Zwischenstation mit der guten Möglichkeit, realistisch erfahren und einschätzen zu lernen, ob „der Sprung" gewagt werden kann oder nicht.
Das Beispiel der Organisation dieser besonderen Schullaufbahn für Michaela ist in Österreich kein Einzelfall; die Zusammenarbeit zwischen Lehrern verschiedener Schularten mit der Zielsetzung der persönlichen Förderung eines Kindes oder Jugendlichen ist hier in besonderer Weise positiv gelungen.
Michaela nimmt nun als Schülerin der fünften Schulstufe bereits an Unterrichtsstunden der Oberstufe des Gymnasiums teil; es ist der Unterricht in den naturwissenschaftlichen Fächern, den sie dort besuchen darf. Sie wird aller Voraussicht nach auch im Bereich der Sekundarstufe I oder II eine Schulstufe überspringen können; denn sie soll nicht unterfordert „sitzen bleiben" müssen.

Die bewegende Frage in der Entwicklung des Kindes Michaela, das bald eine Jugendliche sein wird, deren soziale Entwicklung besonders in der Zeit der Pubertät - und besonders im Hinblick auf ihr nicht geringes Geltungsbedürfnis – in eine entscheidende Phase gerät, besteht im Bezug auf ihre Integration in Gemeinschaften; die Ermöglichung der Erfahrung von Gemeinschaft und die Befähigung zur Entwicklung sozialer Beziehungen bleibt - m i t der Entwicklung ihrer intellektuellen Fähigkeiten - d i e pädagogische Aufgabe !

Das Überspringen von Jahrgangsklassen k a n n, muss aber nicht in Anspruch genommen werden, wenn überragende Leistungen vorliegen.
Der raschere Durchgang durch die Bildungsstufen ist einzig darin als gerechtfertigt anzusehen, dass ein Kind oder ein Jugendlicher nicht
u n t e r fordert wird und „Jahre absitzen" muss, ohne einen Sinn darin zu erkennen.

Für die Durchführung des Klassen-Überspringens ist wohl die zum Aufstieg eines Schülers einer Schülerin in die übernächste Klasse von großer Bedeutung; sie bedarf eingehender Beratung des Lehrerkollegiums, der Eltern und der SchülerInnen selbst, unter Beiziehung von Experten.
Von noch größerer Bedeutung ist **die Art der Aufnahme in die übernächste Klasse,** in die das Kind bzw. der Jugendliche eintreten soll.
Das begabte Kind sollte in der neuen Klasse „ganz normal" behandelt werden, ohne Bevorzugung aber auch ohne eine Art des Umganges, die Ausgrenzung verursachen könnte.
In extrem negativen Aufnahmesituationen könnte es dazu kommen, dass begabte SchülerInnen in der neuen Klasse isoliert werden und aus diesem Grunde zum Versagen gebracht werden.
Eine oberflächliche Meinungsbildung würde dann möglicherweise konstatieren, dass „eben doch die soziale Reife gefehlt habe"... In Wahrheit würde aber das soziale Versagen anderswo liegen.
Das Überspringen von Jahrgangsklassen muss nicht forciert werden.
Die Meinung, das dadurch Kindheit verloren gehen könnte, ist aber absolut
falsch. Bei Verweigerung des Überspringens würde dem Kind etwas vorenthalten, was seiner Entwicklung gemäß richtig wäre!

5.5.3 Das Überspringen von Schulstufen in der Praxis – eine Untersuchung an österreichischen Schulen

Das Überspringen von Schulstufen bzw. Jahrgangsklassen ist das Gegenstück zum Wiederholen, zu dem, was hierzulande mit einem unschönen Ausdruck als "Sitzenbleiben" bezeichnet wird.
Das Überspringen von Lernstufen, die in organisatorischer Hinsicht als "Schulstufen" bezeichnet werden und nur im Aufbau des Bildungssystems als solche gelten können, steht im Widerspruch der Meinungen.

Während die Tatsache des Wiederholens, das Leid des Repetierenmüssens - ich erinnere an den Titel, der vom "Elend des Sitzenbleibers" spricht - gesellschaftlich akzeptiert, toleriert, jedenfalls "hingenommen" wird, erscheint das Überspringen weithin unter diffusen Stimmungs-Zuordnungen.
Hervorragende Fähigkeiten und Leistungen, die sich in Lernprozessen zeigen, werden nicht selten irgendwo bei "ungemütlich" bis "unanständig" eingereiht.

Es ist bezeichnend für diese „Schieflage" von Bewusstseinswirkungen, dass das Schulunterrichtsgesetz (SCHUG) der Republik Österreich seit langem ausführlichste Bestimmungen zum "Wiederholen von Schulstufen" bereitgehalten hatte und bereithält; dass demgegenüber die gesetzlichen Regelungen zum "Überspringen von Schulstufen" bis zur Novelle von 1998 jedoch äußerst restriktiv formuliert waren.
Der seit 1974 (!) existierende § 26 des Gesetzes hatte in den Anfängen erst ab der Sekundarstufe I - also unter Ausschluss der Grundschule - die Möglichkeit des Überspringens vorgesehen; die Bestimmungen waren zudem derart kleinräumig verfasst gewesen, dass sie in den Schulen meist unbekannt geblieben waren.

Mit der im Jahre 1998 erlassenen 18. Novelle des Schulunterrichtsgesetzes wird das Überspringen von Schulstufen tatsächlich "bewegend" für das gesamte Bildungswesen.
Laut § 26 Abs. 3 ist ein Überspringen nunmehr "je einmal in der Grundschule, nach der Grundschule bis einschließlich der 8. Schulstufe und nach der 8. Schulstufe zulässig."
(BMUKA, SCHUG-Novelle BGBL 1998/133)
Für die Grundstufe I der Volksschule und die gleichzuhaltenden Formen der Sonderschule gilt eine erweiterte flexible Regelung: Die SchülerInnen sind berechtigt, "während des Unterrichtsjahres in die nächsthöhere oder nächstniedrigere Schulstufe zu wechseln."

Die Ergebnisse der Untersuchung zur Situation der Wahrnehmung und Durchführung des Überspringens von Schulstufen und Jahrgangsklassen, die im Auftrag des Österreichischen Zentrums für Begabtenförderung und Begabungsforschung (Oswald, 2000) bundesweit und mit Beteiligung aller relevanten Schularten durchgeführt wurde, lassen in mehrfacher Hinsicht einen "pädagogischen Optimismus" neu beleben.
Das gilt vor allem für die Gesinnung der LehrerInnen, die das Schulstufen-Überspringen eines Kindes oder Jugendlichen begleitet haben, wie dies aus den Rückmeldungen im Rahmen der Untersuchung hervorgeht.

Das Überspringen von Schulstufen/Jahrgangsklassen wird allgemein als eine Möglichkeit der Förderung von besonders begabten Kindern und Jugendlichen in der Schule zur Kenntnis genommen.

Die Beteiligung an der Untersuchung, die Zahl der Rückmeldungen, signalisiert positives Interesse:
Von den insgesamt 3 388 Schulstandorten, die es laut österreichischer Schulstatistik (Bundesministerium für Bildung, Wissenschaft und Kultur 1998/99) bezüglich der

Schularten gibt, die an der Untersuchung beteiligt wurden, sind 1692 Rückmeldungen eingetroffen.

Das entspricht einer Beteiligung von 49,20 % im Durchschnitt von allen angeschriebenen Schularten: Volksschulen, Hauptschulen, Allgemeinbildenden Höheren Schulen/Gymnasien (AHS), Berufsbildenden Höheren Schulen (BHS), Fachschulen, wobei Standorte von Allgemeinbildenden Höheren Schulen (Gymnasien und Oberstufenrealgymnasien) sowie einige Sparten der Berufsbildenden Höheren Schulen (Handelsakademien und Humanberufliche Höhere Schulen) sogar erheblich über diesem Anteil liegen.

Das Überspringen von Schulstufen findet überwiegend in der Volksschule/Grundschule (Stufe 1 - 4) statt; an Schulen der Sekundarstufe I und II sind jedenfalls Fälle in ausreichender Zahl zur Durchführung repräsentativer Studien gegeben.

Von den insgesamt 187 "Springermeldungen" (mit späterer Einsendung 192 Meldungen), in denen Angaben mit näherer Beschreibung der Durchführung sowie der Bewertung des Erfolges bzw. der Befindlichkeit enthalten sind, betreffen

66,7% ein Überspringen in der Volksschule (mit Einschluss der Vorschulklasse, wenn eine solche angegeben war),
3,2% ein Überspringen in der Hauptschule,
15,9% in der AHS und im Oberstufen-Realgymnasium (ORG),
7,9% an Berufsbildenden Höheren Schulen
6,3% an Fachschulen und Handelsschulen

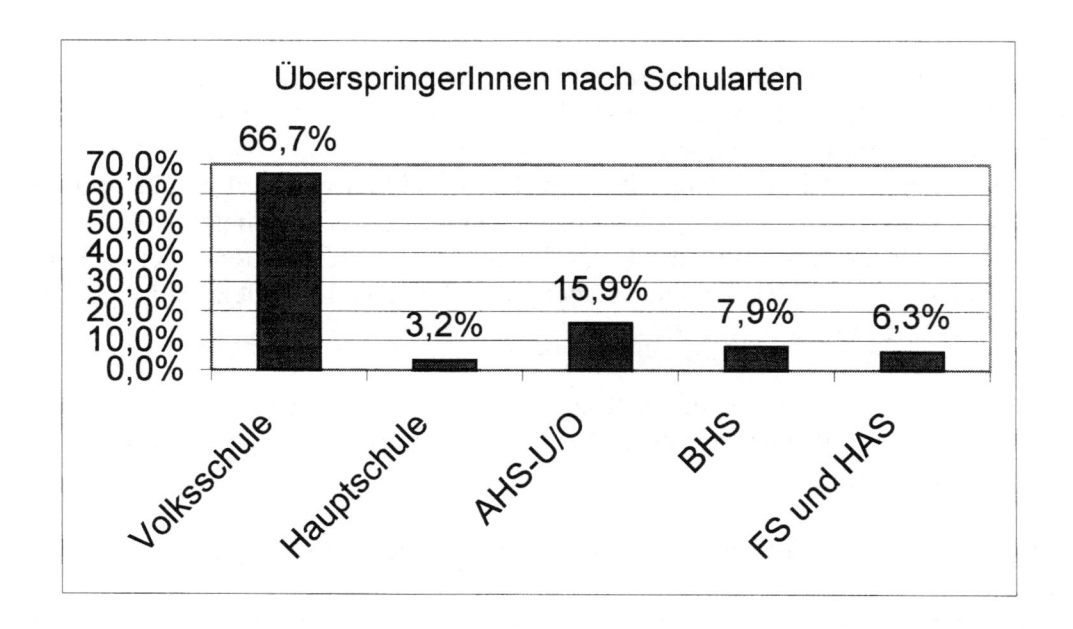

Die folgende Tabelle weist die absoluten Zahlen nach Gruppierungen von Schulstufen-Überspringern auf.

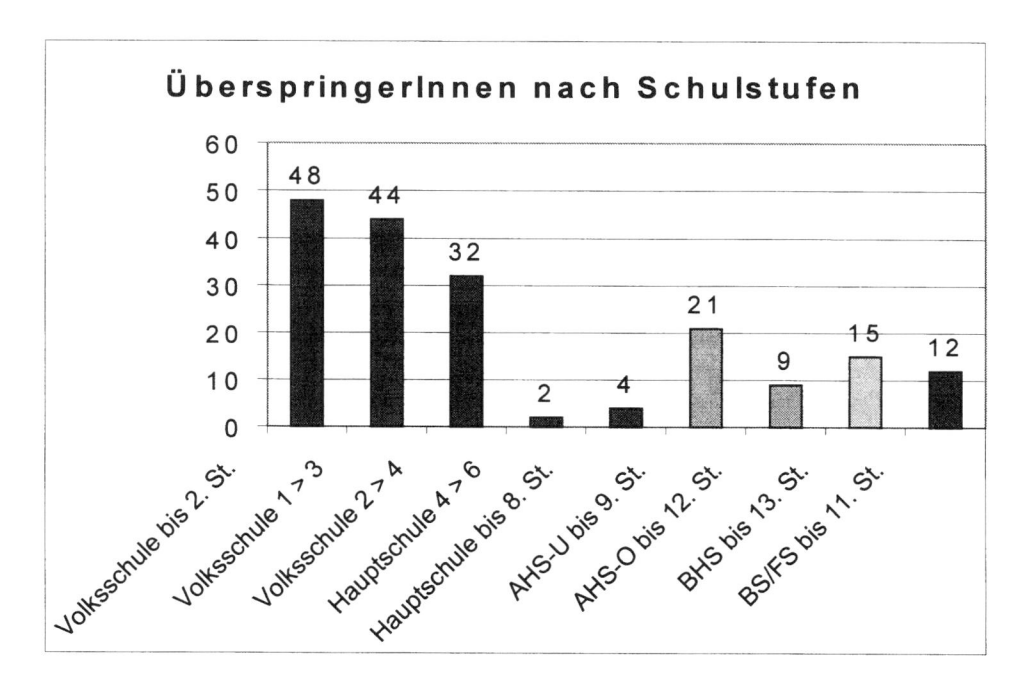

ÜberspringerInnen nach Schulstufen

Schulstufe	Anzahl
Volksschule bis 2. St.	48
Volksschule 1 > 3	44
Volksschule 2 > 4	32
Hauptschule 4 > 6	2
Hauptschule bis 8. St.	4
AHS-U bis 9. St.	21
AHS-O bis 12. St.	9
BHS bis 13. St.	15
BS/FS bis 11. St.	12

Demnach gab es auf Grund der gemeldeten und beschriebenen Durchführungen:
- 48 SchülerInnen, die im Bereich der Grundstufe I (mit Einschluss der Vorschulstufe/-klasse) einen fördernden Beginn beim Eintritt in die Schullaufbahn erleben konnten,
- 44 SchülerInnen, die von der ersten in die dritte Schulstufe und
- 32 SchülerInnen, die von der zweiten in die vierte Schulstufe "gesprungen" sind,
- 6 SchülerInnen, die im Bereich der Hauptschule und
- 21 SchülerInnen, die im Bereich der Unterstufe der AHS rascher vorangekommen sind (insgesamt also 27 im Rahmen der Sekundarstufe I),
- 9 SchülerInnen, die im Bereich der AHS-Oberstufe (mit ORG) und
- 15 SchülerInnen, die in einer BHS (überwiegend an Handelsakademien!) eine Schulstufe/eine Klasse/einen Jahrgang überspringen konnten (insgesamt also 24 im Rahmen der Sekundarstufe II),
- 12 SchülerInnen, die an einer Fachschule oder Berufsschule rascher aufgestiegen sind.

Mit dieser Auflistung von Zahlen ist eine Dynamik der Entwicklung in einzelnen Fällen - und der Dynamisierung des schulischen Denkens überhaupt - aufgezeigt, die es näher zu interpretieren gilt!

Auf einige besondere Gegebenheiten ist im Folgenden hinzuweisen. Es geht dabei zwar nur um sogenannte "Einzelfälle"; diese Einzelfälle enthalten jedoch anregende Impulse für qualitative Untersuchungen zu Fragen der Begabung, der "Begabung" als Prozess und als Begriff für die Tätigkeit des Begabens.

Da wird von einer Schülerin an einer Höheren Bundeslehranstalt für wirtschaftliche Berufe berichtet, dass sie "mit einem Sprung" vom 3. in den 5. Jahrgang, d.h. von der 10. in die 13. Schulstufe befördert wurde bzw. sich befördert hat und dass sie, obwohl sie täglich anderthalb Stunden zur Schule anreisen musste und noch dazu als Zeitungszustellerin tätig war, den 4. und 5. Jahrgang - wörtlich - "so nebenbei absolviert" habe.

Da wird von einer Höheren Technischen Lehranstalt gemeldet, dass ein Schüler den 2. Jahrgang (Stufe 10) übersprungen habe und sich nun in einer Klasse mit Gleichaltrigen befinde, und als Kommentar wird - rätselhaft !? - angefügt: "Der Schüler tritt alljährlich zu einer Wiederholungsprüfung an, er darf mit einem Nichtgenügend zur Reifeprüfung antreten."

Vorkommnisse, die in mehrfacher Hinsicht vorurteilsbefreiend sind, können im Zusammenhang mit dem Aufholen des Altersrückstandes (Kategorie 3) bei SchülerInnen mit nicht-deutscher Muttersprache genannt werden:
Zwar nicht im Sinn statistischer Repräsentanz gegeben, wohl aber auffallend und nicht zu übersehen ist die Zahl von Kindern und Jugendlichen, die aus Ländern des östlichen und südöstlichen Mitteleuropa gekommen sind und zunächst über nur geringe oder gar keine Kenntnis der deutschen Sprache verfügt haben, die aber hier innerhalb kurzer Zeit - oft innerhalb eines Jahres - Sprachkompetenz erworben haben u n d für geeignet befunden wurden, eine Schulstufe zu überspringen.

Mit den LehrerInnen selbst wird dabei die Orientierung des Projektes auf die Wahrnehmung der Aneignungsfähigkeit, wie sie in den Ausführungen Sternbergs über "knowledge acquisition" und Jürgen Guthkes über Lerntests beschrieben erscheint, beginnen.

Das Verständnis ist im Wirkungsmodell der Begabungsforschung von Franz Mönks und Kurt Heller grundgelegt.
In der Definition dieser Kompetenz erhält das Wort Heinrich Roths, eines Doyens der Begabungsforschung, neue Aktualität in seiner grundlegenden pädagogischen Orientierung : "Wir brauchen einen pädagogischen Begabungsbegriff, der das trifft, was wir tun, wenn wir zum Denken erziehen. Den Pädagogen interessiert die angebotene und naturgegebene Intelligenz, aber noch mehr die Seite an ihr, die sich entfalten lässt. Wir versuchen deshalb, ... Begabung nicht als Eigenschaft zu definieren, sondern diesen Prozess der Begabungsentfaltung zu beschreiben bzw. beschreibend nachzubilden."
(Roth 1952)

In dieser Reflexion, in einer Beobachtung und Analyse des begabenden Verhaltens, liegt der Kern einer pädagogischen Begabungsforschung, zugleich der Ansatz zu einer praxiserhellenden Theorie des Begabens.

LehrerInnen in diesem Verständnis, im Streben nach der Verwirklichung einer begabungsfreundlichen Lernkultur gibt es; für sie ist ihre Berufung, Kinder und Jugendliche zu "den ihren Anlagen entsprechenden besten Leistungen zu führen" (SCHUG, § 17) der Sinn ihrer Berufsentscheidung und ihrer täglichen Arbeit.

Schulwirklichkeiten aufzuspüren und ihre pädagogische Leistung sichtbar zu machen war der Zweck der Untersuchung, über die hier zu berichten ist.
Um dieses erhellende Bild aufleben zu lassen, sollen einige „sprechende" Aussagen aus den Untersuchungsprotokollen zitiert werden:

Aus einer Volksschule in Wien kommt folgender Bericht:
"Janine P. und Michael K. konnten im vergangenen Schuljahr die dritte Schulstufe überspringen. Ihre Begabungen waren im Unterricht der zweiten Schulstufe für uns deutlich erkennbar geworden. Wir haben sie mit einem besonderen Programm auf den Übertritt und auf die Aufnahme in die vierte Klasse vorbereitet."

Aus einem Gymnasium in Niederösterreich wird berichtet: "Der Schüler Erich L. hat an unserer Schule die zweite Klasse (die sechste Schulstufe) übersprungen. Die erforderlichen Maßnahmen wurden im Kollegium und mit den Eltern eingehend besprochen. Erich hat im Juni 2000 die dritte Klasse mit ausgezeichnetem Erfolg abgeschlossen und ist in der Gemeinschaft allgemein anerkannt und beliebt. Seine sportlichen Leistungen sind ihm bei der Integration in die neue Klasse zugute gekommen."

Aus einer Handelsakademie in Vorarlberg kommt der Bericht über Doris K.: "Die Schülerin war im vierten Jahrgang (12. Schulstufe) eindeutig unterfordert. Wir sind nach einhelligem Beschluss und mit ihrer Zustimmung zu der Auffassung gelangt, dass sie während des Schuljahres (nach den Weihnachtsferien) in den fünften Jahrgang übernommen werden soll. Die Entscheidung hat sich als richtig erwiesen. Doris hat erfolgreich maturiert, sie hat bereits das Studium an der Universität aufgenommen."

Und einen anders lautenden Bericht zitiere ich aus einem Interview mit einem ehemaligen Schüler, der mehrmals bei internationalen Wettbewerben und "Olympiaden" für seine Leistung in Mathematik Auszeichnungen und Medaillen ("Gold und Silber") erhalten hatte, der nun seit anderthalb Jahren in Cambridge studiert, der in seiner Schulzeit keine Klasse überspringen wollte und das auch im Rückblick für sich nicht als wünschenswert bezeichnete, weil er sich in der Klasse und bei seiner Professorin anerkannt und angenommen wusste und diese Verbindung nicht verlieren wollte.

Das ist auch ein sehr positiver Bericht, der Anlass dazu wäre, den LehrerInnen der betreffenden Schule ein hervorragendes Gütesiegel zuzuerkennen.
Begabten soll zu ihrem Recht auf Lernen verholfen werden.
Sie m ü s s e n   n i c h t Schulstufen überspringen, aber sie   s o l l e n   die Möglichkeit dazu haben, wenn sie für geeignet befunden werden und wenn sie selbst es wollen.

5.6 Internationale Wettbewerbe und „Olympiaden" – die (unbekannte) erfolgreiche Begabtenförderung

Individuelle Begabtenförderung findet in Österreich - von der Öffentlichkeit erstaunlicherweise wenig beachtet - seit Jahren mit großem Einsatz und hohem Anspruch statt:
Die Veranstaltung von Vorbereitungskursen für regionale, bundesweite und internationale Wettbewerbe und vor allem die Wettbewerbe selbst sind als Unternehmungen zur Herausforderung besonderer Talente zu verstehen.
Die Wahrnehmung und Entdeckung von Begabungen geschieht vorher durch Lehrer im Umgang und in der Kommunikation mit Jugendlichen und in der Förderung und Erprobung ihrer Lern- und Leistungsfähigkeit.

5.6.1 Untersuchung über die Teilnahme österreichischer Jugendlicher an internationalen Wettbewerben und "Olympiaden"

Im Auftrag des Bundesministeriums für Unterricht und kulturelle Angelegenheiten wurde unter der Autorenschaft eines Teams von Wissenschaftern der Universität Wien - Hanisch, Hager, Oswald - eine Studie über die Beteiligung österreichischer Jugendlicher an internationalen Wettbewerben und "Olympiaden" durchgeführt **(Oswald/Hanisch/Hager 1999)**.

Internationale Wettbewerbe - "Olympiaden" - werden alljährlich veranstaltet; die Untersuchung befasst sich mit der Beteiligung österreichischer Jugendlicher an Wettbewerben, die unter diesen Bezeichnungen genannt werden: **Mathematik, Physik, Chemie, Informatik, „Jugend innovativ", Fremdsprachen- und Redewettbewerbe, "Europa in der Schule", "Musik der Jugend", Berufswettbewerbe.**
Erstaunlich oft erscheinen Schüler und Lehrlinge aus Österreich in den Abschlussqualifikationen internationaler Wettbewerbe auf den ersten Rangplätzen.
Die besondere Herausforderung, die für Jugendliche und ihre Lehrer in diesen Beteiligungen gegeben ist und die als solche positiv aufgenommen wird, stellt den Anlass für die wissenschaftliche Untersuchung dar.

Es wurde der Frage nachgegangen, ob die Teilnahme an Wettbewerbskursen und an Wettbewerben zur Identifikation von Begabungen und zur Selbstentdeckung persönlicher Fähigkeiten führt und dadurch die Entscheidungsgrundlagen für die individuelle Studien- oder Berufswahl bewusst werden lässt.

Schüler, Lehrlinge, Lehrer, Direktoren, Landesschulinspektoren und Fachinspektoren wurden in dieser Intention befragt. Die Ergebnisse rechtfertigen die Investitionen für derartige herausfordernde Unternehmungen sowohl im Hinblick auf individuelle Bewusstseinslagen als auch im Interesse der Gesellschaft.

Insgesamt konnten 1826 Fragebögen - retrospektiv auf die Teilnahme an Wettbewerben bezogen - **ausgewertet werden:** An der Untersuchung beteiligten sich **940 Schüler bzw. Studierende, 498 Lehrer der höheren Schulen, 200 Direktoren, 61 Landesschulinspektoren bzw. Fachinspektoren, 92 Lehrlinge und 35 Berufsschullehrer.**

		Schülergeschlecht	
		weiblich	männlich
Art des Wettbewerbs	Chemie	55	17
	Englisch	50	29
	Französisch	51	17
	Griechisch	15	20
	Informatik	5	26
	Latein	61	59
	Mathematik	34	64
	Physik	18	57
	Russisch	3	1
	Europa in der Schule	15	12
	Jugend Innovativ	10	68
	Musik der Jugend	16	3
	Redewettbewerb	65	76
	Sonstiges	24	83

Die Wettbewerbsfächer wurden zu Fachgruppierungen zusammengefasst:
- Mathematik und Naturwissenschaften (Mathematik, Informatik, Chemie und Physik)
- Klassische Sprachen (Latein und Griechisch)
  Moderne Fremdsprachen (Englisch, Französisch u.a.
- Text und Rede (Redewettbewerb, Bewerbe zur Textgestaltung in deutscher Sprache)
- Musik u. Sport (Musik der Jugend, Prima la Musica, Gradus ad Parnassum, Sport)

Die prozentuelle Verteilung kann folgender Grafik entnommen werden:

- Math./Naturw. 40%
- Musik/Sport 22%
- Klass. Sprache 13%
- Mod. Fremdspr. 13%
- Text/Rede 12%

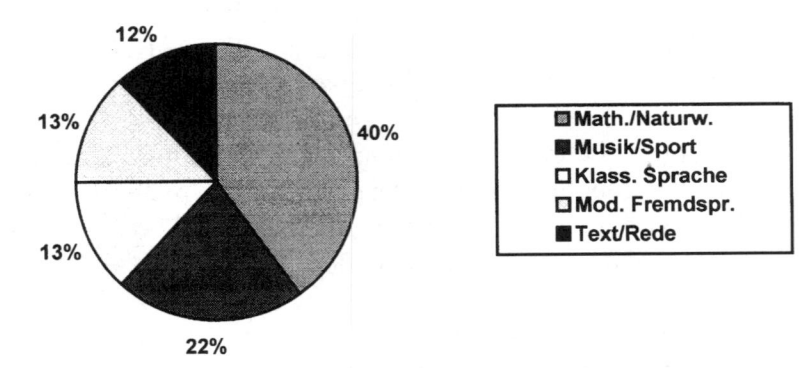

Weibliche Jugendliche nehmen weniger oft als männliche Jugendliche an internationalen Wettbewerben teil.

Die folgende Tabelle zeigt deutliche geschlechtsspezifische Zuteilungen: Der Anteil der männlichen Wettbewerbsteilnehmer bei der Fächergruppe Mathematik und Naturwissenschaften beträgt 43%; bei den Wettbewerben für Sprachen, Text und Rede sowie für Musik und Sport überwiegen die weiblichen Teilnehmerinnen.

		Schülergeschlecht	
		weiblich	männlich
Art des Wettbewerbs	Math./Naturw.	122	330
	Klass. Sprache	76	79
	Mod. Fremdspr.	104	47
	Text/Rede	65	76
	Musik/Sport	155	98
		522	**630**

Die nächste Tabelle zeigt „das stille Verschwinden der Mädchen" (Ranftl-Guggenbauer, BM) bei internationalen Wettbewerben, das in signifikanter Weise an den "Ebenen der Teilnahme" aufgezeigt werden kann:

Während bei schulinternen Vorbereitungskursen sich gleich viele weibliche und männliche Jugendliche beteiligen (je 103) und bei bundesweiten Kursen bzw. Wettbewerben sogar erheblich mehr Mädchen teilnehmen (233 gegenüber 160 bei männlichen Jugendlichen), sind bei überregionalen/österreichweiten Kursen und Bewerben bereits weniger weibliche als männliche Jugendliche vertreten, bei internationalen Kursen und Wettbewerben (Olympiaden) ist das Zahlenverhältnis zwischen weiblichen und männlichen Jugendlichen 1:4!

	Geschlecht		Gesamt-zahlen
	weiblich	männlich	
teilgenommen bis zur Ebene: schulintern	103	103	206
bundesland-weit	233	160	393
überregional österreichweit	64	82	146
inter-national	20	80	100
Gesamt:	420	425	845

Anmerkung: Die Gesamtsummen stimmen mit der ersten Tabelle nicht überein, da manche TeilnehmerInnen keine Angaben betreffs ihrer Kurs- und Wettbewerbszuteilung durchgeführt haben. Der Trend ist aber (bei über 73% erhaltenen Angaben) im Sinn der obigen Aussage verifizierbar.

5.6.2 Interpretationen zu den Untersuchungsergebnissen über die Beteiligung an Wettbewerben und "Olympiaden"

Interpretationen zu den quantitativen Untersuchungsergebnissen

- Auf Grund der Untersuchungsergebnisse ist die Bedeutung des fördernden Einflusses der Schule - dh im Besonderen die motivierende Anregung durch jene Lehrkräfte, die Wettbewerbskurse und Olympiaden veranstalten, in ihrer fachlichen und sozialen Kompetenz - als grundlegend wichtig zu erachten.
- "Äußere" Gegebenheiten (Preise etc.) und Einflüsse von außerhalb der Schule waren nach Aussagen der Wettbewerbsteilnehmer für ihre Motivation nicht entscheidend.

- **Der Einfluss des Wettbewerbs auf die individuelle Lebensgestaltung wird von Jugendlichen und Jung-Erwachsenen mit zunehmendem zeitlichen Abstand (und mit zunehmender Erfahrung "im Leben") tendenziell höher bewertet; Ähnliches gilt für die Entwicklung des Selbstwert-gefühls, die Tätigkeit im Team und die Projektarbeit.**

- Vergleicht man die Antworten der Schüler, Lehrer, Direktoren und Inspektoren miteinander, so zeigen sich teilweise diskrepante Einschätzungen. Insbesondere schätzten Schüler und Direktoren das eigenverantwortliche Arbeiten, die Teamarbeit und die Projektarbeit, während Lehrer und Inspektoren dies eher neutral bewerten.

- Die schulischen Lerninhalte hingegen bringen Schüler kaum mit Lebensnähe in Verbindung, wogegen Lehrer hier geringfügig zu einer positiven Einschätzung tendieren und Direktoren und Inspektoren die Lebensnähe der Lerninhalte als gegeben und für die Schüler motivierend ansehen. Auch auf die Frage nach der interessengeleiteten Wahl der Unterrichtsgegenstände zeigen sich analoge Diskrepanzen. Zu bedenken ist dabei allerdings, dass Schüler dies auf den gesamten erlebten Unterricht beziehen, wogegen Lehrer sich auf den von ihnen gehaltenen Unterricht beziehen; diese sind jedoch ausschließlich jene Lehrer, die für die Wettbewerbskurse und für die Wettbewerbsteilnahme motivationsentscheidende Anregungen gegeben haben. Diese Lehrer werden deutlich positiv bewertet. Schüler unterscheiden eben Qualitäten des Unterrichts und der didaktischen Begabung bei ihren Lehrenden.

- Die Wettbewerbsteilnehmer aus Betrieben schätzen die Bedeutung der Wettbewerbe höher ein als die Schüler, sie urteilten zustimmender über den Einfluss des Wettbewerbs auf ihre Interessen sowie auf ihr Selbstbild und ihr Selbstwertgefühl. Sie schätzen auch die Motivation durch die inhaltliche Herausforderung höher ein.

- Es lässt sich erkennen, dass Wettbewerbe als Anlässe zur Begabtenförderung aufgefasst werden können: Insbesondere bringen Schüler zum Ausdruck, dass sie die Identifikation ihrer Fähigkeiten, ihres Leistungsbewusstseins und ihres Selbstwertgefühls mit der Person eines Lehrers in Verbindung sehen, wobei das Erwecken des Interesses (der Begeisterung) für ein bestimmtes Fach damit im Zusammenhang steht. Die Erfahrung einer herausfordernden Lernsituation gepaart mit der Erfahrung der Gemeinsamkeit der Lerninteressen mit Gleichgesinnten scheint die Wirkung selbstsicherer und sozialer Haltung für das Leben bewirken zu können.

- Bezüglich der Situation weiblicher Jugendlicher bei Wettbewerben kann die Studie (auch im Zusammenhang mit der quantitativen Analyse) - gegenüber Auskünften der auch international getätigten Forschungsrecherchen - differenzierende Momente zu einer positiven Aufklärung beibringen. Deutliche Unterschiede werden bei der Art des Wettbewerbes sichtbar.- Burschen sind im Bereich "Mathematik / Naturwissenschaften" fast dreimal so hoch vertreten wie Mädchen; im Bereich der Sprachwettbewerbe -"Moderne Fremdsprachen" - sind Mädchen doppelt so hoch vertreten wie Burschen. Da die mathematisch-naturwissenschaftlichen Wettbewerbe die mit der höchsten Beteiligung überhaupt und auch die am besten organisierten Olympiaden sind und gerade hier internationale Wettbewerbe eher üblich und seit langem vertreten sind, kann die geringere Teilnahme von Mädchen an internationalen Bewerben auf Grund der Untersuchungsergebnisse besser erklärt werden.

- Die Angaben von Lehrern, Direktoren und Inspektoren aus dem Bereich der höheren Schulen zu den "offenen" Fragen bezeugen die Anregung kreativer Lernformen und die Forderung nach einer flexiblen Lernorganisation. Eine kontinuierliche Aufnahme dieser Vorschläge würde interessante Modelle einer begabungsfreundlichen Lernkultur durch eine "Schulreform von Innen" entstehen lassen.

Interpretationen zu den qualitativen Aspekten der Untersuchungsergebnisse: Selbstwert, Identifikation der eigenen Begabung, Arbeit mit Gleichgesinnten, Situation der LehrerInnen

Wenn wir davon ausgehen, dass die personale Umwelt bzw. Lernumwelt für die Entfaltung von Interessen und Begabungen und von Kreativität nicht nur eine wünschenswerte, sondern eine notwendige Vorausbedingung ist (vgl. Csikszentmihalyi 1997, Mönks 1996, Urban 1992), dann erscheint im Zusammenhang mit den hier vorliegenden Auswertungen die folgende Aussage gerechtfertigt:
Individuelle Begabtenförderung erfolgt im Zusammenhang mit Wettbewerben durch die das Selbstwertgefühl der Jugendlichen bestärkende Betreuung und durch die besondere Herausforderung von Talent, Leistung, Kreativität und persönlichen Einsatz.
Schüler führen im Zusammenhang mit den positiv zu bewertenden Eint7üssen der Beteiligung an Wettbewerbskursen und Wettbewerben vorrangig (!!) die folgenden Erfahrungen an (hier wie in den weiteren Angaben sind die unter Anführungszeichen gesetzten Texte aus repräsentativ vorhandenen Aussagen entnommen und - kumulativ verwertet – „zusammengesetzt":

> „Ich habe durch die Wettbewerbe Selbstvertrauen gewonnen; das Vertrauen-Dürfen auf meine eigenen Fähigkeiten wurde mir erst da eigentlich bewusst,' ich habe Sicherheit für meine Zukunft, für meine Bildungsentscheidung und Berufslaufbahn gewonnen; Selbsteinschätzung konnte ich erfahren und lernen."

Aus solchen Aussagen ist deutlich die sensible - und oft genug problematische - psychische und soziale Situation von begabten Kindern und Jugendlichen erkennbar.
Sie sind keineswegs die von Selbstsicherheit strotzenden Individuen, denen alles leicht fällt und die von vornherein alte Vorteile des Lebens auf ihrer Seite hätten.
Seit mehr als zwanzig Jahren gibt es Forschungsergebnisse, die diesen "scheinbar unausrottbaren Mythos" (Wieczerkowski, zit. in Oswald 1994, S. 16) von einer Selbstdurchsetzung der Begabung und der Begabten widerlegen.
Wir haben bis heute gegen dieses diskriminierende und in seiner Verhaltenswirkung gefährliche Vorurteil zu kämpfen.

Neuere Forschungen befassen sich ausdrücklich mit dem, was aus einer sozialen Isolierung Hochbegabter entstehen kann (wenn sie auf Grund ihrer "anderen" Interessen nicht verstanden werden, keine Freunde haben und die bedrückende Situation des Ausgeschlossenseins empfinden müssen).

Umso höher ist die Bestätigung zu werten, dass für begabte Jugendliche in der Wettbewerbsteilnahme die glückhafte Erfahrung der Gemeinschaft, des "Dazugehörens", der Befreiung von dem Gefühl des "Allein-Seins" entsteht. Aussagen aus offenen Antwortangaben lassen diese Erfahrungen erkennen:

> "Die Arbeit mit Gleichgesinnten - die wissen wollen, die nicht nur darauf aus sind, möglichst wenig zu tun; denen es nicht einfach um schulisches 'Durchkommen' geht - das war für mich grundlegend wichtig!
> Mit Gleichgesinnten in einen Gedankenaustausch zu treten, sich mit ihnen messen zu können, mit ihnen in der freien Zeit zu spielen, das war einfach auch lustig.
> Man hat es nicht immer leicht, wenn man ein besonderes Interesse an einem Gegenstand hat. Wenn alle an dich glauben und von dir überzeugt sind, fällt es dir leichter."

Die Aussagen bestätigen in anschaulicher Weise die Befunde anderer empirischer Forschungen:
Perleth und **Sierwald** (1992) stellen in ihrer Untersuchung über "die Rolle nichtkognitiver Persönlichkeitsmerkmate für die Begabungs- und Leistungsentwicktung" (mit Bezug auf Faktoren wie Selbstkonzept, Erkenntnisstreben, Arbeit mit Peers, also mit "Entwicklungsgleichen') wesentliche Ergebnisse bei.

Auch Lehrer bewerten diese Erlebnisse - sowohl der fachlichen Herausforderung als auch der Gemeinschaft mit Gleichgesinnten - für die Schüler als wesentlich.
Sie beziehen interessanterweise ihre eigene forschungs- und lernorientierte und emotionale Erfahrung (unbewusst ?!) mit ein, indem sie folgende Momente als "besonders erfreulich" bezeichnen:

> "Unterrichten ohne Notendruck und ohne Zeitportionierung;
> Kommunizieren in einer Atmosphäre, in der Noten keine Rolle spielen müssen;
> Arbeiten in einer Situation, bei der der Lehrer die Rolle des Beraters beim individuellen Forschen übernehmen kann, wo Interesse, Herausforderung, Intelligenz und Leistung den Unterrichtsverlauf bestimmen, wo herausfordernde Experimente durchgeführt werden können und überhaupt ein experimenteller Zugang zum Wissen vorherrschend ist."

"Die Zusammenarbeit Gleichgesinnter ist der größte Vorteil, weil die Arbeit nicht von Uninteressierten gestört wird.
Die Herausforderung war für mich da; aber sie war eine Erholung vom Schulalltag"

Aussagen dieser Art kommen von Lehrern, für die die Wettbewerbskurse jene Arbeitssituation herstellen, die sie sich "als Lehrer immer schon gewünscht" haben.
Diese Lehrer sind bestrebt, auch in der Alltagssituation der Schule eine differenzierende Lernorganisation und anregende Gestaltungsformen einzubringen.
Das gesamte Lehrerkollegium einer Schule ist nicht durchgängig von den gleichen Intentionen beseelt.
Die alltägliche Unterrichtssituation an der Schule sieht erklärtermaßen anders aus. Mit Bezug auf die Schulsituation war die Frage nach förderlichen versus einengenden Arbeitssituationen gestellt worden.

Als besonders förderliche Lern- und Arbeitssituationen - in der Schule! - bezeichnen Jugendliche (mit Bezug auf die diesbezügliche offene Frage):
Teamarbeit, Gruppenarbeit, Projektarbeit und - auffallend oft - Diskussion, wobei im fremdsprachlichen Unterricht Diskussionen in der zu erlernenden Sprache ausdrücklich als besonders förderlich bezeichnet werden (wenn sie im Unterricht selbst stattfinden, wird angemerkt!)

Als einengend wird Frontalunterricht ("wenn ein Lehrer nur „diktiert" und "Schulbuchlernen" bezeichnet, als einengend vom Verhaltensaspekt her wird das "Verharren bei bestimmten Regelungen" benannt, als Ursache für den Verlust des Interesses, möglicherweise sogar der Begabung, wird die Aussage eines Lehrers, "dass ich dumm sei", angegeben.
Hier ist (wieder) anzumerken, dass sich diese Angaben auf die gesamte Schulsituation beziehen; es sind hier ganz offensichtlich nicht jene begabenden Lehrer gemeint, denen in hohem Maße die Anregung des Interesses am Wettbewerbsfach und die Motivation zur Teilnahme am Wettbewerb zuerkannt wird.

Bezüglich der Studien- und Berufswahl (deren Zusammenhang mit der Wettbewerbserfahrung in der statistischen Auswertung kaum feststellbar war) weist die Analyse der offenen Antworten geradezu signifikante Einflüsse aus den Wettbewerben heraus nach:
Als "Auswirkung der Teilnahme (am Wettbewerb) für mein Leben" wird überwiegend die Entscheidung zu einem bestimmten Studium und für eine bestimmte Berufswahl genannt.

Zusammenfassend kann zu diesem Thema "Erwartung einer besonderen Begabtenförderung" durch die Wettbewerbe Folgendes gesagt werden:

Schüler bringen deutlich zum Ausdruck, dass sie die Identifikation ihrer Fähigkeiten, ihres Leistungsbewusstseins und ihres Selbstwertgefühls mit der Person eines Lehrers in Verbindung sehen; die Erweckung des Interesses (der Begeisterung) für ein bestimmtes Fach steht in diesem Zusammenhang.
Das gilt in besonderer Weise für die mathematisch-naturwissenschaftlichen Bereiche, auch für die Fremdsprachen und für Musik.

Die Erfahrung einer herausfordernden Lernsituation gepaart mit der Erfahrung der Gemeinsamkeit mit Gleichgesinnten scheint die Wirkung selbstsicherer und sozialer Haltung für das Leben bewirken zu können.

Die Erwartung, dass durch diese Lernsituation und durch die personale Selbstfindung in der Gemeinschaftserfahrung eine besondere individuelle Förderung für hoch begabte Jugendliche bewirkt wird, ist berechtigt.
Ihre Initiation kommt durch Leistung und Gesinnung von "begabenden" Lehrern und durch ein anregendes Schulklima zu Stande.

5.7 Schulklimata – Förderung oder Hinderung von Begabungen in unterschiedlichen Lernumwelten

Ausgehend von Beobachtungen und Erfahrungen wurde eine repräsentative Untersuchung an österreichischen Schulen durchgeführt (Oswald/ Pfeifer/Ritter-Berlach/Tanzer, 1989). Die Gesamtauswertung der Daten berechtigt zu drei pädagogischen äußerst bedeutsamen Aussagen:

(1) Schulen sind verschieden, Schulleben und Leistungsprofile von einzelnen Schulen (gleicher Schulart!) zeigen deutlich unterscheidbare Merkmale.
(2) Die positive Wirksamkeit von Schulen beruht auf dem Beziehungssystem der am Schulleben beteiligten Personen. Schulklimata erweisen sich - auch bei gleichen Schularten - als sehr unterschiedlich. Positive Klimata sind unter anderem dadurch gekennzeichnet, dass Freiräume der Gestaltung des Schullebens genutzt und persönliche Initiativen anerkannt werden, vor allem aber: dass kommunikatives Verhalten in ausreichendem Maß gegeben ist.
(3) Schulen mit positiver Klima-Ausprägung zeigten auch bessere Leistungserfolge der Schüler - eigentlich: der Schule! Das kommunikative Verhalten wirkt motivierend.

„Schulklimata", von denen hier die Rede sein soll, können nicht bloß als mehr oder weniger freundliche Ausprägungsformen der Interaktion interpretiert werden; sie müssen auch in ihren Folgewirkungen für das Lernen, für unterrichtliche Kommunikation, für Leistungsmotivation sowie für die Fragen der Erziehung gesehen werden.

Es geht daher in diesem Zusammenhang um Aufklärung über die sozialen Bedingungen des Lernens in der Institution Schule, deren „Klima" von Personen gestaltet wird und unterschiedliche Ausprägungen erkennen lässt.

Die Untersuchung bestätigte eindeutig, was aufmerksamen Beobachtern im alltäglichen Schulleben auffällt: Es gibt unterschiedliche Schulklimata; der „personale Faktor" in der Gestaltung des Schullebens schafft - obwohl gleiche gesetzliche Rahmenbedingungen gleichartige Formen erwarten lassen müssten - die verschiedenen „Schulwelten". In logischer Folge sind auch unterschiedliche „Binnenklimata" (innerhalb derselben Schule) feststellbar.

Schulangst und Schulunlust bezüglich der verschiedenen Schulklimatypen bestätigen die genannten Zusammenhänge:

	Schulunlust		
	hoch	mittel	niedrig
Schulangst - hoch	funktions-orientierter Klimatyp (klimanegativ)	Diskrepanztyp	
Schulangst - mittel			personorientierter Klimatyp(klima-positiv)
Schulangst - niedrig	Distanztyp		

Zur Interpretation mit Bezug auf den personorientierten Klimatyp ist Folgendes anzumerken:

„Schulunlust niedrig" = Schulfreude/Lerninteresse hoch!(was man als Schüler/in natürlich kaum sagen kann ...)

„Schulangst mittel", d.h. in mittlerem Ausprägungsgrad = Spannung, Leistungsanforderung wird bei positivem Umgang nicht als beeinträchtigend erlebt.

Die leistungsfördernden Wirkungen positiver Zuwendungen und persönlicher Anerkennung bestätigen nicht nur die bereits eingangs zitierte Schulklimaforschungen, sondern auch Betriebsuntersuchungen in Firmen (vgl. Peters, T.J./Waterman, R.H.: In Search of Excellence - Lessons from America's Best Run Companies. New York,

Harper & Row, 1982), wie überhaupt schon vor Jahrzehnten die Hawthorne-Untersuchungen (1925), deren abschließender Befund „Men like to be important" hier so übersetzt werden darf: „Menschen möchten - von mir – für wichtig gehalten werden!"

Die Zielorientierung für Schulreform und Lehrerbildung heißt: Förderung der positiven Schulgemeinschaft! Was sonst nur als Randproblem der Schule „mitbedacht" wird, das ist mit dieser Untersuchung in den Mittelpunkt der Beobachtung gestellt: Die Wirkung sozialer Umwelt auf Gemeinschaftsempfinden, auf Motivation und Interesse wird auf Grund der Ergebnisse dieser Analyse den „personalen Faktor" als bedeutsame Größe anerkennen müssen. Es ist im aktuellen Interesse einer inneren Schulreform - und damit im Besonderen der Lehrerbildung - gelegen, von dieser Tatsache auszugehen.

Schulreform in diesem Sinn ist nicht per Verordnung dekretierbar, sie kann nicht durch äußere organisatorische Veränderung bewirkt werden.
Was hier erforderlich wird, ist eine Schulreform, die gerade das Gegenteil betrifft: Schaffung von mehr Freiraum zu mehr individuellen Möglichkeiten der Gestaltung von Schule.
Persönliche Beziehungen werden offensichtlich nicht dadurch verbessert, dass Bestimmungen festgelegt werden, die die Verhaltensweisen genau regeln und gegen andere Personengruppen (als „Kompetenzmarken") abgrenzen lassen, sondern durch die Ermöglichung von positiver Kommunikation.

Dass es bezüglich der Verwirklichung eines sozialen Klimas unterschiedliche Modelle gibt, legt den Schluss nahe, dass es von Vorteil wäre, auch zwischen den einzelnen Schulen einen Austausch von Erfahrungen zu pflegen.
Es muss in der Grundvorstellung einer so in Gang kommenden Schulreform enthalten sein, dass Lehrer sinnvoll von Lehrern lernen können. Ein Wort von Hartmut von Hentig soll in abgewandelter Form auch hier gelten: Diese Studie möge eine andere Grundvorstellung davon vermitteln helfen, was Schulreform ist.

Anlässlich eines Interviews, das sich mit Grunderfahrungen seines Lebens beschäftigen sollte, meinte Leopold Ungar, Prälat und langjähriger Präsident der Caritas (einer weltumspannenden sozial-karitativ tätigen Organisation) in Österreich – stets im Einsatz gegen Armut und Gewalt in der Welt, ein Mann, der auch aus persönlicher Erfahrung Menschen in ihren erhebenden und in den erniedrigendsten Situationen kennengelernt hatte, ein Kämpfer für Wahrheit und daher immer medial gut für markante Formulierungen:

Er sei zu der Überzeugung gekommen, dass Vieles von dem, woran die Welt leide, nicht allein durch Bosheit (das Böse?) entstehe, sondern durch Dummheit.

Er müsse Dummheit als Ursache dort schuldig sehen, wo es um ein Nicht-wissen-Wollen, ein Nicht-sich-Einlassen auf Situationen, die zunächst nicht verstanden werden, ein Nicht-sehen-Wollen geht ......

Ist Begabtenförderung als ethische Aufgabe im Interesse der Menschheit zu interpretieren?

"Was ist wissenschaftliche Bildung ohne Sittlichkeit?" fragt Comenius und folgert: "Wer vorankommt in den Wissenschaften und dabei zurückfällt in der Sittlichkeit, der kommt mehr zurück als voran.
Wir alle sind Bürger e i n e r Welt. Einen Menschen hassen, weil er eine andere Sprache spricht, weil er anders über die Dinge denkt ... welche Gedankenlosigkeit!" (Dieterich 1991, S. 128 ff)

Literaturangaben

Altrichter, Herbert & Posch, Peter (1998/4): Lehrer erforschen ihren Unterricht. Eine Einführung in die Methoden der Aktionsforschung. Bad Heilbrunn: Klinkhardt

Angerer, Karin (1999): Kritische Bemerkungen zum offenen Unterricht. Diplomarbeit am Institut für Erziehungswissenschaft der Universität Wien

Betts, G.T. & Neihart, M. (1988): Profiles of the Gifted and Talented. Gifted Child Quarterly, 32(2), 248-253. Übersetzung: Zentrum für Begabungsforschung, Universität Nijmegen; deutsche Übersetzung und Bearbeitung durch Franz Mönks.

Bittner, Günther (1984): Über Gehorsam und Ungehorsam. In: Flitner, A. & Scheuerl, H. (Hg., 1984): Einführung in pädagogisches Sehen und Denken, S. 101 – 103. München: Piper

Bundesgesetzblatt für die Republik Österreich Nr. 22/1998 vom 18. August 1998: Änderung des Schulunterrichtsgesetzes

Bundesministerium für Unterricht und kulturelle Angelegenheiten (1998): Kenndaten des österreichischen Schulwesens. Wien: Bundesministerium

Campbell, James & Wagner, Harald & Walberg, Herbert (1999): Academic Competitions Designed to Challenge the Exceptionally Talented. New York: St. John's University

Cropley, Arthur & McLeod, John & Dehn, Detlev (1988): Begabung und Begabungsförderung. Entfaltungschancen für alle Kinder. Heidelberg: Asanger

Csikszentmihalyi, Mihaly (1997/3): Wie Sie das Unmögliche schaffen und ihre Grenzen überwinden. (Original: Creativity, Flow and the Psychology of Discovery): Stuttgart: Klett-Cotta

Dieterich, Veit-Jakobus (1991): Johann Amos Comenius. Reinbek: Rowohlt

Dörner, Dietrich & Kreuzig, Heinz W. (1983): Problemlösefähigkeit und Intelligenz. In: Psychologische Rundschau, 34/1983, S. 185-192

Dörner, Dietrich (1993): Die Logik des Misslingens. Strategisches Denken in komplexen Situationen. Reinbek bei Hamburg: Rowohlt

Eder, Ferdinand (1995): Das Befinden von Kindern und Jugendlichen in der Schule. Innsbruck: StudienVerlag

Etlinger, Susan & Loidl, Christian (1992): Es passiert jede Nacht. Ein Gespräch über Kreativität. In: Die Presse, 9./10. Mai 1992, Wien

Feger, Barbara (1988): Hochbegabung, Chancen und Probleme. Bern: Huber

Flitner, Andreas (1992): Reform der Erziehung. München: Piper

Friedell, Egon (1985): Abschaffung des Genies. Essays von 1905 bis 1918. Zürich: Diogenes

Gage, Nathaniel & Berliner, David C. (1986): Pädagogische Psychologie. Hg.: Gerhard Bach. Weinheim, München: Psychologie-Verlags-Union

Gagnè, F. (1985): Giftedness and Talent. Reexamining a reexamination of the definitions. Gifted Child Quarterly 29, 103 - 112

Gardner, Howard (1991): Abschied vom IQ. Die Rahmen-Theorie der vielfachen Intelligenzen. Stuttgart: Klett-Cotta

Gardner, Howard (1993): Creating Minds. An anatomy of creativity seen through the lives of Freud, Einstein, Picasso, Stravinsky, Eliot, Graham and Gandhi. New York: Basic Books
Gardner, Howard (1996): So genial wie Einstein. Schlüssel zum kreativen Denken. .Stuttgart: Klett-Cotta

Goleman, Daniel (1996): Emotionale Intelligenz. (Emotional Intelligence. Why it can matter more than IQ.) München: Hanser

Guthke, Jürgen (1992): Lerntests auch für Hochbegabte? In: Hany, E. & Nickel, H. (1992): Begabung und Hochbegabung. S. 125 - 141. Bern, Göttingen: Huber

Hager, Gerhard & Pollheimer, Klaus & Wagner, Gerhard (Hg., 2000): Dimensionen einer begabungsfreundlichen Lernkultur. Festschrift für Friedrich Oswald. Innsbruck: StudienVerlag

Haider, Günter (Hg., 1997): Indikatoren zum Bildungssystem. Innsbruck: StudienVerlag

Hany, Ernst A. (1993): Identifikation begabter Schülerinnen und Schüler durch Lehrkräfte. In: Oswald, F. u.a. (Hg., 1995): Lehrerbildung zur Begabtenförderung – Identifikation von Begabungen. Internationale Symposien in Krems 1992/1993. Wien: Jugend & Volk

Heinbokel, Annette (1996): Überspringen von Klassen. Münster: Lit

Heinbokel, Annette (2000): Überspringen von Klassen. In: Österreichischer Vereine für hochbegabte Kinder – Bergsmann, Roswitha (Hg., 2000): Hochbegabung. Eine Chance. Wien: Facultas

Heller, Kurt A. (Hg., 1991): Begabungsdiagnostik in der Schul- und Erziehungsberatung. Bern: Huber

Heller, Kurt A. (Hg.,1992): Hochbegabung im Kindes und Jugendalter. Göttingen: Hogrefe. Verlag für Psychologie

Heller, Kurt A. (1998): Förderung von Hochbegabten. In: Wissen und Werte für die Welt von morgen, S. 191 – 209. München: Bayerisches Staatsministerium für Unterricht, Kultus, Wissenschaft und Kunst

Heller, Kurt A. & Mönks, Franz J. & Sternberg, Robert & Subotnik, Rena F. (Ed., 2000/2): International Handbook of Giftedness and Talent. Amsterdam: Elsevier

Jäger, Adolf Otto (1984): Intelligenzstrukturforschung: Konkurrierende Modelle, neue Entwicklungen, Perspektiven. In: Psychologische Rundschau, 35/1984, S.21-35

Joswig, Helga (Hg., 2000): Begabungen erkennen – Begabte fördern. Rostock: Universität Rostock

Kary, Rudolf (1992): Probleme der Begabungsförderung. Untersuchungen zu Schulversuchsmodellen in Niederösterreich. Dissertation, Universiät Wien

Klafki, Wolfgang (1996/5): Neue Studien zur Bildungstheorie und Didaktik. Zeitgemäße Allgemeinbildung und kritisch-konstruktive Didaktik. Weinheim: Beltz

Köpf, Thomas & Wictora, Stefan (1999): Mörderischer Gehorsam – Milgram Experiment '99. Würden Sie einen Menschen auf Befehl foltern? Würden Sie einen Menschen mit Elektroschocks töten? In: Wiener 3/99, S. 34 – 40. Klosterneuburg: Metro-Zeitschriften Verlags GmbH

Kratochwil, Leopold (1992): Unterrichten können. Brennpunkte der Didaktik. Baltmannsweiler: Schneider Verlag Hohengehren

Landau, Erika (1984): Kreatives Erleben. München, Basel: Reinhardt

Landau, Erika (1990): Mut zur Begabung. München, Basel: Reinhardt

Manstetten, Rudolf & Albrecht, Günter (Hg., 1991): Begabungsforschung und Begabtenförderung in der Berufsbildung. Frankfurt: Peter Lang

Markl, Johann (1998): Lehrlingswettbewerbe. Nationale Wettbewerbe, internationale Berufswettbewerbe, Ergebnisse österreichischer Teilnehmer bei den internationalen Berufswettbewerben. In: Berufsbildungsbericht 1997 des Bundesministeriums für wirtschaftliche Angelegenheiten, S. 37 – 40. Wien: Wirtschaftskammer Österreich

Mitscherlich, Alexander (1981): Das Ich und die Vielen. München: Deutscher Taschenbuch Verlag GmbH & Co. KG

Mönks, Franz J. & Katzko, Michael W. & van Boxtel, Herman W. (1992): Education of the Gifted in Europe: Theoretical and Research Issues. Report of the Educational Research Workshop held in Nijmegen (The Netherlands), 1991. Amsterdam/Lisse: Swets &Zeitlinger

Mönks, Franz J. (1996): Elite-Debatte im Scheinwerfer. In: Psychologie in Erziehung und Unterricht, 1996, S. 219 - 224. München: Ernst Reinhardt

Mönks, Franz J. (2000): Begabungen erkennen - Begabte fördern. In: Joswig, Helga (2000): Begabungen erkennen - Begabte fördern. Rostock: Universität Rostock, Philosophische Fakultät

Olechowski, Richard (1987): Begabungsförderung und Schulentwicklung. In: Erziehung und Unterricht, 1987/1, S.2 -11. Wien: Österreichischer Bundesverlag

Oswald, Friedrich (Hg.) (1987): Differenzierung und Individualisierung im Unterricht. Investitionen für die Zukunft in Bildung und Wirtschaft. Wien: Österreichische Pädagogische Gesellschaft

Oswald, Friedrich & Pfeifer, Bernhard & Ritter-Berlach, Gerlinde & Tanzer, Norbert (1989): Schulklima. Die Wirkungen der persönlichen Beziehungen in der Schule. Wien: WUV- Universitätsverlag

Oswald, Friedrich & Klement, Karl (Hg.) (1993): Begabungen - Herausforderung für Bildung und Gesellschaft. Symposion 1, Krems. Wien: Jugend & Volk

Oswald, Friedrich & Klement, Karl & Boyer, Ludwig (Hg., 1994): Begabungen entdecken - Begabte fördern. Wien: Jugend & Volk

Oswald, Friedrich & Hanisch, Günter & Hager, Gerhard (1999): Individuelle Begabtenförderung. Begabungen und ihre Entwicklung im Bereich der Bildung und der Berufslaufbahn. Studie im Auftrag des Bundesministeriums für Unterricht und kulturelle Angelegenheiten über die begabenden Wirkungen der Beteiligung österreichischer Jugendlicher an Wettbewerben und Olympiaden. Wien: Bundesministerium für Unterricht und kulturelle Angelegenheiten

Oswald, Friedrich (2000): Begabung in der Ausbildung der Lehrerinnen und Lehrer. In: Österreichischer Verein für hochbegabte Kinder - Bergsmann, Roswitha (Hg., 2000): Hochbegabung. Eine Chance. Wien: Facultas

Oswald, Friedrich (2001a): Lehrerbildung – für eine begabungsfreundliche Lernkultur. Referat anlässlich der Arbeitstagung 2001 des Arbeitskreises für Begabungsforschung und Begabtenförderung in Königswinter bei Bonn. Manuskript, Universität Wien

Oswald, Friedrich (2001b): Das Überspringen von Schulstufen. Begabtenförderung als Akzeleration individueller Bildungslaufbahnenen. Salzburg: Österreichisches Zentrum für Begabtenförderung und Begabungsforschung

Perleth, Christoph & Sierwald, Wolfgang (1992): Entwicklungs- und Leistungsanalysen zur Hochbegabung. In: Heller, Kurt A. (Hrsg. 1992): Hochbegabung im Kindes- und Jugendalter. Göttingen: Hogrefe - Verlag für Psychologie

Pick, Marliese & Novak, Elfriede (1999): Projekt: Entwicklung Offener Lernformen in der Mittelstufe. Berichte aus der AHS. Pädagogisches Institut der Stadt Wien

Popper, Karl R. (1984/4): Objetive Erkenntnis. Ein evolutionärer Entwurf. Hamburg: Hoffmann und Campe

Popper, Karl R. (1994): Ausgangspunkte. Meine intellektuelle Entwicklung. Hamburg: Hoffmann und Campe

Posch, Peter (1987): Begabtenförderung als Ansatz innerer Schulreform. In: Begabungsförderung - Expertentagung des Bundesministeriums für Unterricht, Kunst und Sport, Wien

Renzulli, J. S. (1978): What makes Giftedness? Reexaming a definition. Phi Delta Kappa, 60, S.180-184

Renzulli J. S. (1986): The Three-Ring Conception of Giftedness: A developmental model for creative Productivity. In: Sternberg, R. J. & Davidson (Eds.): Conceptions of Giftedness, S.53-92. Cambridge: Cambridge University Press

Richter, Andrea (1998): Was ist Hochbegabung? In: Begabten- und Hochbegabtenförderung. Beilage zum Verordnungsblatt Nr. XI des LSR f. NÖ, 1998

Rose, Lotte (1991): Das Drama des begabten Mädchens. Lebensgeschichten junger Kunstturnerinnen. Weinheim, München: Juventa

Rost, Detlef H. & Hanses, Petra (1997): Wer nichts leistet, ist nicht begabt? Zur Identifikation hochbegabter Underachiever durch Lehrkräfte. In: Zeitschrift für Entwicklungspsychologie und Pädagogische Psychologie 1997/2, S. 167 – 177. Göttingen: Hogrefe

Roth, Heinrich (1952): Begabung und Begaben. In: Flitner, Andreas & Scheuerl, Hans (Hg.) (1984): Einführung in pädagogisches Sehen und Denken. S.113-125. München, Zürich: Piper

Sacks, Oliver (1999): Der Mann, der seine Frau mit einem Hut verwechselte. Reinbek: Rowohlt

Sattlberger, Eva (2001): College Preparatory Mathematics versus Offenes Lernen. Dissertation am Institut für Erziehungswissenschaft der Universität Wien

Schenk-Danzinger, Lotte (1988): Entwicklung. Sozialisation, Erziehung. Stuttgart: Klett-Cotta. Wien: Österreichischer Bundesverlag

Urban, Klaus K. (Hg., 1992): Begabungen entwickeln, erkennen und fördern. Hannover: Universität Hannover, FB Erziehungswissenschaften

Vereinigung Österreichischer Industrieller (Hg.) (1990): Begabungen erkennen, fördern, nutzen. Anregungen zur Begabtenförderung. Wien: Vereinigung Österreichischer Industrieller

Wagenschein, Martin (1977/6): Verstehen lehren: genetisch, sokratisch, exemplarisch. Weinheim, Basel: Beltz

Wendt, Dietmar (2000): Erfolg mit eQ. Wie Sie in der neuen Welt des e-Business Karriere machen. Frankfurt/M.: Campus

Weinert, Franz (2000): Lernen als Brücke zwischen hoher Begabung und exzellenter Leistung. Referat beim Kongress 2000: Begabungen erkennen - Begabte fördern. Österreichisches Institut für Begabtenförderung und Begabungsforschung. Salzburg

Wieczerkowski, Wilhelm (1985): Interview zum Thema „Entdeckung der Hochbegabten. Heißt das neue Motto: Auslesen statt fördern?" - Dörte Schubert in: Die Zeit, 12.4.1985, S.49

Wieczerkowski, Wilhelm & Prado, Tania (Hg.) (1990): Hochbegabte Mädchen. Bad Honnef: Bock

Wild, Klaus-Peter (1991): Identifikation hoch begabter Schüler. Lehrer und Schüler als Datenquellen. Heidelberg: Asanger